Histoires Courtes en Polonais

Apprendre l'Polonais facilement en lisant des histoires courtes

Antoni Lewandowska

greenthumbpublishing@gmail.com

Contenu

Introduction
Comment utiliser le livre
Guide de lecture

Château de Malbork
Forêt de Białowieża
Marie Curie
La mine de sel de Wieliczka
Obwarzanek Krakowski
La vallée inférieure de l'Oder
La ville de Gdańsk
Pierogi
Solidarność
Cracovie
A la plage
Camping au lac
La maison
Dans le train
Cuisiner le dîner
Rentrer à pied
Le château
Mon jardin
Faire du shopping
Au marché
Au café
Aller nager
Tonte de la pelouse
Se faire couper les cheveux
Le parc

Introduction

Lire dans une langue étrangère est l'un des moyens les plus efficaces d'améliorer ses compétences linguistiques et d'enrichir son vocabulaire. Cependant, il est parfois difficile de trouver des supports de lecture attrayants, d'un niveau approprié, qui procurent un sentiment de réussite et de progrès. La plupart des livres et articles écrits pour des locuteurs natifs peuvent être trop longs et difficiles à comprendre ou contenir un vocabulaire de très haut niveau, de sorte que vous vous sentez dépassé et abandonnez. Si ces problèmes vous sont familiers, alors ce livre est pour vous !

Histoires Courtes en Polonais est une collection de 25 histoires courtes non conventionnelles et divertissantes qui sont conçues pour aider les apprenants de niveau débutant à intermédiaire Polonais à améliorer leurs compétences linguistiques.

Ces histoires courtes créent un environnement propice à la lecture en incluant ;

- Un contenu linguistique riche dans différents genres pour vous divertir et vous exposer à une variété de formes de mots.
- Des histoires plus courtes en chapitres pour vous donner la satisfaction de terminer des histoires et de progresser rapidement.
- Des textes écrits à votre niveau afin qu'ils soient plus facilement compréhensibles et ne vous dépassent pas.
- Traduction française sur des pages alternées afin que vous puissiez vous y référer directement ligne par ligne tout en lisant l'histoire Polonais.
- Le vocabulaire clé est imprimé en gras tout au long

de l'histoire et de la traduction pour vous aider à comprendre plus facilement les mots qui ne vous sont pas familiers.
- Des questions de compréhension pour tester votre compréhension des événements clés et vous encourager à lire plus en détail.

Que vous souhaitiez enrichir votre vocabulaire, améliorer votre compréhension ou simplement lire pour le plaisir, ce livre est le plus grand pas en avant que vous ferez dans vos études cette année. Histoires Courtes en Polonais vous apportera tout le soutien dont vous avez besoin, alors asseyez-vous, détendez-vous et laissez libre cours à votre imagination en vous laissant transporter dans un monde magique d'aventures, de mystères et d'intrigues - en Polonais!

Comment utiliser ce livre

La lecture est un talent difficile à maîtriser. Nous utilisons toute une série de micro-compétences pour nous aider à lire dans notre langue maternelle. Par exemple, nous pouvons parcourir un passage pour en comprendre le sens, ou l'essentiel. Nous pouvons aussi passer au peigne fin les nombreuses pages d'un horaire de train à la recherche d'une heure ou d'un lieu précis. Si ces micro-compétences sont une seconde nature lorsque nous lisons dans notre langue maternelle, les recherches révèlent que nous en oublions souvent la plupart lorsque nous lisons dans une langue étrangère. Lorsque nous apprenons une langue étrangère, nous commençons généralement par le début d'un texte et le parcourons en essayant de comprendre chaque mot. Inévitablement, nous rencontrons des termes peu familiers ou complexes et nous sommes gênés par notre incapacité à les comprendre.

L'un des principaux avantages de la lecture dans une langue étrangère est que vous êtes exposé à un grand nombre de phrases et d'expressions utilisées dans des situations quotidiennes. La lecture extensive est un terme utilisé pour décrire la lecture pour le plaisir dans le but d'apprendre une langue. En d'autres termes, la lecture approfondie de manuels scolaires aide généralement à l'apprentissage des règles de grammaire et d'un vocabulaire particulier, mais la lecture extensive d'histoires aide à l'apprentissage du langage naturel.

Histoires Courtes en Polonais vous donnera l'occasion d'en apprendre davantage sur la langue naturelle Polonais en usage, même si vous avez peut-être commencé votre voyage d'apprentissage des langues

uniquement avec des manuels. Voici quelques conseils à garder à l'esprit lorsque vous lirez les histoires de ce livre pour en tirer le meilleur parti : Lorsqu'il s'agit de lire, le plaisir et le sentiment d'accomplissement sont essentiels. Vous en redemandez parce que vous aimez ce que vous lisez. Lire chaque histoire du début à la fin est la meilleure méthode pour prendre plaisir à lire des histoires et se sentir accompli. Par conséquent, la chose la plus cruciale est d'arriver à la fin d'une histoire. C'est en fait plus important que de connaître chaque mot.

Plus vous lisez, plus vous acquerrez de connaissances. Vous aurez rapidement une connaissance du fonctionnement de la Polonais si vous lisez de gros livres pour le plaisir. Cependant, gardez à l'esprit que pour tirer tous les bénéfices d'une lecture extensive, vous devez d'abord lire un volume suffisamment important. Lire quelques pages ici et là peut vous apprendre quelques nouveaux mots, mais cela ne fera pas une différence significative dans votre niveau global de Polonais.

Acceptez le fait que vous ne comprendrez pas tout ce que vous lisez dans un roman. C'est, sans aucun doute, le point le plus crucial ! N'oubliez jamais que le fait de ne pas comprendre tous les mots ou toutes les phrases est tout à fait acceptable. Cela ne signifie pas que vos compétences linguistiques sont insuffisantes ou que vos résultats sont médiocres. Cela indique que vous participez activement au processus d'apprentissage.

Guide de lecture

Afin de tirer le meilleur parti de la lecture d'Histoires Courtes en Polonais, il est préférable que vous suiviez ce processus de lecture simple en six étapes pour chaque chapitre des histoires :

1. Lisez le titre du chapitre. Réfléchissez à ce que pourrait être le sujet de l'histoire. Puis lisez l'histoire jusqu'au bout. Votre objectif est simplement d'atteindre la fin de l'histoire. Par conséquent, ne vous arrêtez pas pour chercher des mots et ne vous inquiétez pas s'il y a des choses que vous ne comprenez pas. Essayez simplement de suivre l'intrigue.

2. Lorsque vous arrivez à la fin de l'histoire, parcourez la traduction française pour voir si vous avez compris ce qui s'est passé et reprenez tout contexte qui vous aurait échappé.

3. Revenez en arrière et relisez la même histoire. Si vous le souhaitez, vous pouvez vous concentrer davantage sur les détails de l'histoire qu'auparavant, mais sinon, lisez-la simplement une fois de plus.

4. Ensuite, répondez aux questions de compréhension en Polonais pour vérifier votre compréhension des événements clés de l'histoire. Si vous ne comprenez pas entièrement les questions, ne vous inquiétez pas. Utilisez vos connaissances pour répondre du mieux que vous pouvez.

5. A ce stade, vous devriez avoir une certaine compréhension des principaux événements du chapitre. Si ce n'est pas le cas, vous pouvez relire le chapitre

plusieurs fois en utilisant la traduction pour vérifier les mots et les phrases inconnus jusqu'à ce que vous vous sentiez en confiance.

Une fois que vous êtes prêt et sûr d'avoir compris ce qui s'est passé - que ce soit après une ou plusieurs lectures de l'histoire - passez à l'histoire suivante et continuez à apprécier l'histoire à votre propre rythme, comme vous le feriez pour n'importe quel autre livre.

Ce n'est qu'une fois que vous avez terminé une histoire dans son intégralité que vous pouvez envisager de revenir en arrière et d'étudier le langage de l'histoire plus en profondeur si vous le souhaitez. Au lieu de vous inquiéter de tout comprendre, prenez le temps de vous concentrer sur ce que vous avez compris et de vous féliciter pour tout ce que vous avez fait.

Histoires Courtes

en Polonais

Zamek w Malborku

Zastanawia się, czy w zamku w Malborku cokolwiek się jeszcze **zmieni.**Jest rok 1410, a Zakon Krzyżacki właśnie przejął kontrolę nad zamkiem w Malborku. Okazała budowla stoi imponująco nad brzegiem rzeki Nogat w północnej Polsce, będąc symbolem potęgi i mocy germańskich rycerzy. Jednak nie wszystko w murach **zamku jest w porządku.** Panuje atmosfera napięcia i niepokoju, ponieważ jest wielu, którzy nie ufają nowym władcom. Jedną z takich osób jest Agnieszka, młoda kobieta, która urodziła się i wychowała w Malborku. **Pamięta czasy,** gdy Malbork nazywał się jeszcze Marienburg, **zanim dostał się w ręce** Krzyżaków podczas jednej z ich krucjat przeciwko pogańskiej Litwie. Teraz czuje się jak obca we własnym domu; wszystko się zmieniło od tamtych mrocznych dni. Agnieszka stara się unikać kontaktu z rycerzami, ale pewnego dnia **przypadkowo wpada na** jednego z nich w zatłoczonym korytarzu. Ten chwyta ją za ramię i krzyczy na nią po niemiecku, **żądając wyjaśnień,** dlaczego nie pracuje ciężej, by służyć im należycie. **Wstrząśnięta** tym spotkaniem Agnieszka postanawia, że dość tego; nie może dłużej milczeć na temat tego, co dzieje się na zamku w Malborku pod panowaniem krzyżackim.

Château de Malbork

Nous sommes en 1410, et l'Ordre Teutonique vient de prendre le contrôle du château de Malbork. La structure grandiose se dresse de manière imposante sur les rives de la rivière Nogat, dans le nord de la Pologne, symbole de la puissance et du pouvoir des chevaliers germaniques. Mais tout n'est pas rose entre les murs du **château**. Il règne une atmosphère de tension et de malaise, car nombreux sont ceux qui ne font pas confiance à ces nouveaux souverains. C'est le cas d'Agnieszka, une jeune femme qui est née et a grandi à Malbork. Elle **se souvient de l'**époque où la ville s'appelait encore Marienburg, **avant qu'**elle **ne** tombe aux mains de l'Ordre teutonique lors d'une de leurs croisades contre la Lituanie païenne. Aujourd'hui, elle se sent comme une étrangère dans sa propre maison ; tout a changé depuis ces jours sombres. Agnieszka fait de son mieux pour éviter autant que possible tout contact avec les chevaliers, mais un jour, elle tombe **accidentellement** sur l'un d'eux dans un couloir animé. Il lui attrape brutalement le bras et lui crie dessus en allemand, **exigeant** de savoir pourquoi elle ne travaille pas davantage pour les servir correctement. **Secouée** par cette rencontre, Agnieszka décide que ça suffit, elle ne peut plus rester silencieuse sur ce qui se passe ici, au château de Malbork, sous la domination teutonne.

Agnieszka zaczyna rozpowiadać wśród pracowników zamku o złym traktowaniu, jakiego doświadczają z rąk Krzyżaków. Wie, że jest to ryzykowne, ale nie może bezczynnie przyglądać się, jak jej rodacy są traktowani w ten sposób. **Powoli, ale nieuchronnie** coraz więcej osób zaczyna jej słuchać i wkrótce na zamku w Malborku powstaje mały ruch oporu. Rycerze nie są ślepi na to, co się dzieje; widzą, że Agnieszka **staje się** problemem. Zaczynają ją bacznie obserwować, pilnując, by nie sprawiała więcej kłopotów. Jednak mimo ciągłego nadzoru, Agnieszce wciąż udaje się przemycać **wiadomości z** zamku, wzywając pomocy z zewnątrz. Pewnej nocy, gdy kończy pisać kolejną wiadomość, słyszy kroki na **korytarzu** przed swoim pokojem. Ktoś dowiedział się o działalności Agnieszki i teraz po nią idzie. W **pośpiechu** chowa wiadomość, po czym otwiera drzwi i widzi czekających na nią dwóch Krzyżaków. Tym razem nie ma **ucieczki** - wie, że zostanie zabrana i prawdopodobnie **stracona** za zdradę zakonu.

Agnieszka commence à faire connaître au personnel du château les mauvais traitements qu'ils subissent tous de la part des chevaliers teutoniques. Elle sait que c'est risqué, mais elle ne peut pas rester sans rien faire alors que ses compatriotes polonais sont traités de la sorte. **Lentement** mais sûrement, de plus en plus de personnes commencent à l'écouter, et bientôt, un petit mouvement de résistance se développe au sein du château de Malbork. Les chevaliers ne sont pas aveugles à ce qui se passe ; ils voient bien qu'Agnieszka **devient** un problème. Ils commencent à la surveiller de près, pour s'assurer qu'elle ne cause plus de problèmes. Mais même si elle est constamment surveillée, Agnieszka parvient à faire passer des **messages** hors du château, appelant à l'aide de l'extérieur. Une nuit, alors qu'elle termine un autre message, elle entend des bruits de pas dans le **couloir** devant sa chambre. Quelqu'un a découvert les activités d'Agnieszka et vient la chercher. Elle cache **précipitamment** le message avant d'ouvrir la porte et de découvrir deux chevaliers teutoniques qui l'attendent. **Elle** sait qu'elle sera emmenée et probablement **exécutée** pour trahison envers leur ordre.

Pytania dotyczące rozumienia tekstu

1. Jak nazywa się zamek, o którym mowa w opowiadaniu?

2. Kiedy Zakon Krzyżacki przejął kontrolę nad zamkiem?

3. Z jakiego kraju pochodzi Agnieszka?

4. Jaką nazwę nosił pierwotnie zamek?

5. Co Agnieszka sądzi o Krzyżakach?

6. Co robi Agnieszka w odpowiedzi na złe traktowanie przez pracowników zamku?

7. Co czuje Wielki Mistrz Zakonu Krzyżackiego w związku z postępowaniem Agnieszki?

8. Jaka jest konsekwencja działań Agnieszki?

9. Co zastanawia Agnieszkę, gdy jest wyprowadzana?

10. Jaki jest ogólny temat opowiadania?

Questions de compréhension

1. Quel est le nom du château dans l'histoire ?

2. Quand l'Ordre teutonique a-t-il pris le contrôle du château ?

3. Quel est le pays d'origine d'Agnieszka ?

4. Quel était le nom d'origine du château ?

5. Que pense Agnieszka des chevaliers teutoniques ?

6. Que fait Agnieszka en réponse aux mauvais traitements infligés par le personnel du château ?

7. Que pense le Grand Maître de l'Ordre Teutonique des actions d'Agnieszka ?

8. Quelle est la conséquence des actions d'Agnieszka ?

9. Que se demande Agnieszka pendant qu'on l'emmène ?

10. Quel est le thème général de l'histoire ?

Puszcza Białowieska

Puszcza Białowieska to miejsce mroczne i tajemnicze. Mówi się, że las jest domem dla dziwnych stworzeń, których nikt nigdy nie widział. Niektórzy twierdzą, że są one **przyjazne, a** inni, że niebezpieczne. Nikt nie wie na pewno, co czai się w głębi lasu. Pewnego dnia grupa przyjaciół postanowiła wybrać się do Puszczy Białowieskiej. Słyszeli wszystkie opowieści o dziwnych stworzeniach, które tam mieszkały, i chcieli się przekonać, czy są one prawdziwe. Gdy szli coraz głębiej w las, zaczęli mieć wrażenie, że ktoś ich obserwuje. Słyszeli trzaskanie gałązek i szelest **liści,** ale przez gęste drzewa nie mogli nic zobaczyć. Nagle jedna z ich koleżanek krzyknęła z przerażenia, bo coś chwyciło ją od tyłu! Grupa przyjaciół biegła tak **szybko, jak tylko** mogła, ale stwór był szybszy. Gonił ich przez las, aż w końcu dotarli do polany. Odwrócili się w stronę swojego prześladowcy i zobaczyli duże, futrzane stworzenie stojące przed nimi. Miało ostre zęby i pazury i wyglądało na bardzo rozgniewane. Przyjaciele byli przerażeni!

Stwór wystąpił naprzód i obwąchał każdego z nich. Potem zrobiło coś **zaskakującego**: uśmiechnęło się do nich! To nie było groźne stworzenie, a jedynie ciekawskie, które chciało dowiedzieć się czegoś więcej

Forêt de Białowieża

La forêt de Białowieża est un endroit sombre et mystérieux. On dit que la forêt abrite d'étranges créatures que personne n'a jamais vues auparavant. Certains disent que ces **créatures** sont **amicales**, tandis que d'autres disent qu'elles sont dangereuses. Personne ne sait avec certitude ce qui se cache dans les profondeurs de la forêt. Un jour, un groupe d'amis a décidé d'explorer la forêt de Białowieża. Ils avaient entendu toutes les histoires sur les étranges créatures qui y vivaient, et ils étaient déterminés à découvrir si elles étaient vraies. Alors qu'ils s'enfonçaient dans les bois, ils ont commencé à avoir l'impression que quelqu'un les observait. Ils pouvaient entendre des brindilles claquer et des **feuilles** bruisser, mais ils ne pouvaient rien voir à travers les arbres denses. Soudain, une de leurs amies a crié de terreur lorsque quelque chose l'a attrapée par derrière! Le groupe d'amis a couru aussi **vite qu'**il le pouvait, mais la créature était plus rapide. Elle les poursuivit à travers la forêt, jusqu'à ce qu'ils arrivent enfin à une clairière. Ils se sont retournés pour faire face à leur poursuivant et ont vu une grande créature à fourrure se tenir devant eux. Elle avait des dents et des griffes acérées, et semblait très en colère. Les amis sont terrifiés!

o tych dziwnych ludziach, którzy weszli do jego domu.
Od tej pory stworzenia z Puszczy Białowieskiej stały się
stałymi gośćmi na polanie, gdzie przyjaciele spotykali
się każdego dnia. I tak zaczęła się **wspaniała** przyjaźń
między ludźmi a zwierzętami, która trwała przez
wiele lat. Pewnego dnia leśne stworzenia poprosiły
przyjaciół o pomoc w rozwiązaniu pewnego **problemu**.
W lesie pojawiła się grupa myśliwych, którzy zabijali
zwierzęta dla ich futra. Stworzenia były przerażone i
nie wiedziały, co robić. Przyjaciele wymyślili plan, jak
powstrzymać **myśliwych**. Zbudowali pułapki i rozstawili
je w całym lesie. Gdy łowcy przyszli następnym razem,
wpadli w pułapki i zostali schwytani! Stworzenia były
bardzo **wdzięczne** swoim przyjaciołom za pomoc i do
Białowieży znów powrócił pokój.

La créature s'est avancée et a reniflé chacun d'entre eux. Puis, elle a fait quelque chose de **surprenant** : elle leur a souri ! Ce n'était pas une créature dangereuse après tout ; juste une créature curieuse qui voulait en savoir plus sur ces étranges humains qui étaient entrés chez elle. Dès lors, les créatures de la forêt de Białowieża devinrent des visiteurs réguliers de la clairière où les amis se retrouvaient chaque jour. C'est ainsi que commença une **merveilleuse** amitié entre les humains et les bêtes qui allait durer de nombreuses années. Un jour, les créatures de la forêt ont demandé aux amis de les aider à résoudre un **problème**. Un groupe de chasseurs venait dans la forêt et tuait les animaux pour leur fourrure. Les créatures avaient peur et ne savaient pas quoi faire. Les amis ont mis au point un plan pour arrêter les **chasseurs**. Ils ont construit des pièges et les ont installés dans la forêt. La prochaine fois que les chasseurs sont venus, ils sont tombés dans les pièges et ont été capturés ! Les créatures furent très **reconnaissantes** à leurs amis de les avoir aidées, et la paix revint à Białowieża une fois de plus.

Pytania dotyczące rozumienia tekstu

1. Co to jest Puszcza Białowieska?

2. Jakie stworzenia podobno żyją w lesie?

3. Dlaczego przyjaciele postanowili zwiedzić las?

4. Co zrobił stwór, gdy po raz pierwszy zobaczył przyjaciół?

5. Z jakim problemem zwróciły się do przyjaciół leśne stwory o pomoc?

6. W jaki sposób przyjaciele pomogli stworzeniom?

7. Co znaleźli przyjaciele, gdy odkrywali nową część lasu?

8. W jaki sposób przyjaciele i stworki schwytali bandytów?

9. Co się stało z przyjaciółmi, gdy dorośli?

10. Dlaczego jedno z futrzanych stworzeń ponownie pojawiło się u przyjaciół?

Questions de compréhension

1. Qu'est-ce que la forêt de Białowieża ?

2. Quelles sont les créatures qui vivent dans la forêt ?

3. Pourquoi les amis ont-ils décidé d'explorer la forêt ?

4. Qu'a fait la créature quand elle a vu les amis pour la première fois ?

5. Quel est le problème pour lequel les créatures de la forêt ont demandé aux amis de les aider ?

6. Comment les amis ont-ils aidé les créatures ?

7. Qu'est-ce que les amis ont trouvé lorsqu'ils ont exploré une nouvelle partie des bois ?

8. Comment les amis et les créatures ont-ils capturé les bandits ?

9. Qu'est-il arrivé aux amis quand ils ont grandi ?

10. Pourquoi l'une des créatures à fourrure apparaît-elle à nouveau aux amis ?

Maria Curie

Maria Curie urodziła się 7 listopada 1867 r. w Warszawie. Jej ojciec był **profesorem** fizyki na miejscowym uniwersytecie, a matka prowadziła pensjonat. Już w dzieciństwie Maria Curie wykazywała **duże zdolności w zakresie nauk ścisłych** i doskonale radziła sobie z nauką. Gdy miała zaledwie osiemnaście **lat,** zdobyła **stypendium na studia na** Sorbonie w Paryżu. Na Sorbonie Marie poznała Pierre'a Curie, który później został jej mężem. Pierre również studiował fizykę na tej uczelni i szybko nawiązali silną więź dzięki wspólnemu zamiłowaniu do **nauki**. Pobrali się w 1895 r. i mieli dwie **córki**: Irene i Evelyn. W 1898 r. Marie i Pierre odkryli rad - pierwiastek, który na zawsze odmienił ich życie. Poświęcili się dalszym badaniom nad promieniotwórczością i jej potencjalnymi zastosowaniami w **medycynie** (dziedzina, którą później nazwano "radioterapią"). W 1903 r. otrzymali Nagrodę Nobla w dziedzinie fizyki za odkrycie promieniotwórczości - tym samym Maria Curie stała się pierwszą kobietą w historii, która otrzymała Nagrodę Nobla.

Niestety, zaledwie cztery lata później doszło do tragedii, gdy Pierre zmarł potrącony przez powóz konny podczas przechodzenia przez **ulicę** w Paryżu. Zrozpaczona jego

Marie Curie

Marie Curie est née à Varsovie, en Pologne, le 7 novembre 1867. Son père était **professeur de** physique à l'université locale, et sa mère tenait une pension de famille. Dès son enfance, Marie Curie se montre **très** prometteuse sur le plan scolaire et excelle dans ses études. À dix-huit ans à peine, elle obtient une **bourse** pour étudier à l'université de la Sorbonne à Paris. À la Sorbonne, Marie rencontre Pierre Curie, qui deviendra plus tard son mari. Pierre étudiait également la physique à l'université, et les deux hommes ont rapidement développé un lien fort autour de leur amour commun pour la **science**. Ils se marient en 1895 et ont deux **filles** ensemble : Irène et Evelyne. En 1898, Marie et Pierre découvrent le radium, un élément qui va changer leur vie à jamais. Ils se consacrent à la recherche sur la radioactivité et ses applications potentielles en **médecine** (un domaine qui sera connu sous le nom de "radiothérapie"). En 1903, ils ont reçu le prix Nobel de physique pour leur découverte de la radioactivité, faisant de Marie Curie la première femme à recevoir un prix Nobel.

Malheureusement, la tragédie frappe quatre ans plus tard lorsque Pierre meurt après avoir été renversé par une voiture à cheval alors qu'il traversait une **rue**

śmiercią, ale zdecydowana kontynuować ich wspólną pracę, Marie objęła jego stanowisko profesora fizyki na Sorbonie. Stała się jeszcze bardziej znana dzięki swoim przełomowym pracom nad promieniotwórczością, do tego stopnia, że w 1911 r. otrzymała kolejną Nagrodę Nobla - tym razem sama - stając się nie tylko pierwszą kobietą, która otrzymała dwa Noble, ale także jedyną osobą, która otrzymała je w dwóch różnych dziedzinach nauki. Po wybuchu I wojny światowej Marie odłożyła na bok własne projekty badawcze, aby pomóc w działaniach wojennych, opracowując aparaty rentgenowskie, które można było wykorzystywać do lokalizowania **odłamków** i innych ciał obcych w ciałach żołnierzy. Przeszkoliła także 150 kobiet, które miały obsługiwać te **urządzenia** w **szpitalach** wojskowych w pobliżu linii frontu. Za swoje wysiłki w czasie wojny została odznaczona francuską Legią Honorową - jednym z najwyższych odznaczeń cywilnych przyznawanych przez **rząd** francuski.

à Paris. Dévastée par sa mort mais déterminée à poursuivre leur travail ensemble, Marie reprend son poste de professeur de physique à l'**université de** la Sorbonne. Elle acquiert une renommée encore plus grande pour ses travaux révolutionnaires sur la radioactivité, à tel point qu'elle reçoit un autre prix Nobel - seul cette fois - en 1911, devenant ainsi non seulement la première femme à remporter deux Nobels, mais aussi la seule personne à les avoir remportés dans des sciences distinctes. Après le début de la Première Guerre mondiale, Marie a mis de côté ses propres projets de recherche pour participer à l'effort de guerre en mettant au point des appareils à rayons X qui pouvaient être utilisés pour localiser des **éclats d'obus** et d'autres corps étrangers dans le corps des soldats. Elle a également formé 150 femmes à l'entretien et au fonctionnement de ces **machines** dans les **hôpitaux** militaires situés près des lignes de front. Pour ses efforts en temps de guerre, elle a été nommée membre de la Légion d'honneur, l'une des plus hautes distinctions civiles décernées par le **gouvernement français**.

Pytania dotyczące rozumienia tekstu

1. Jaki zawód wykonywał ojciec Marii Curie?

2. Co łączyło Marię Curie i Pierre'a Curie?

3. Co odkryli Maria i Pierre Curie?

4. Ile nagród Nobla otrzymała Maria Curie?

5. Czym zajmowała się Maria Curie podczas I wojny światowej?

6. Jakie jest dziedzictwo Marii Curie?

7. Za co Irena Curie otrzymała Nagrodę Nobla?

8. Kto napisał biografię o życiu Marii Curie?

9. Jak Maria Curie była postrzegana przez wielu?

10. Co jest inspiracją dla Marii Curie?

Questions de compréhension

1. Quelle était la profession du père de Marie Curie ?

2. Qu'avaient en commun Marie Curie et Pierre Curie ?

3. Qu'ont découvert Marie et Pierre Curie ?

4. Combien de prix Nobel Marie Curie a-t-elle remporté ?

5. Qu'a fait Marie Curie pendant la Première Guerre mondiale ?

6. Quel est l'héritage de Marie Curie ?

7. Pour quelle raison Irène Curie a-t-elle reçu un prix Nobel ?

8. Qui a écrit une biographie sur la vie de Marie Curie ?

9. Comment Marie Curie était-elle considérée par beaucoup ?

10. Quelle est une source d'inspiration pour Marie Curie ?

Kopalnia soli w Wieliczce

Kopalnia Soli w Wieliczce to miejsce, jakiego jeszcze nie było. Przez **wieki** była źródłem soli dla mieszkańców Polski. Dziś jest także popularnym celem wycieczek turystycznych. Odwiedzają ją turyści z całego świata, aby zobaczyć wyjątkowe podziemne komory i rzeźby. Jest jednak jedna komora w **kopalni,** która nie przypomina żadnej innej. Mówi się, że jest ona nawiedzana przez ducha górnika, który zginął wiele lat temu w wypadku górniczym. Nazywał się Janek Kowalski i miał zaledwie 22 lata, kiedy zginął. Mówi się, że **duch** Janka nawiedza komorę, w której zginął, a jego ducha można czasem zobaczyć błąkającego się w ciemnościach. Niektórzy twierdzą, że duch Janka jest **zły** i mściwy, inni zaś uważają, że po prostu chce odnaleźć **spokój** po śmierci. Tak czy inaczej, jego obecność w kopalni sprawiła, że stała się ona miejscem pełnym tajemnic i intryg zarówno dla mieszkańców, jak i turystów.

Pewnego **upalnego** letniego dnia grupa turystów **zwiedzała** Kopalnię Soli w Wieliczce. Słyszeli opowieści o duchu Janka, ale nie byli pewni, czy im wierzyć. Kiedy szli przez **ciemne** komory, poczuli **chłód** w powietrzu.

La mine de sel de Wieliczka

La mine de sel de Wieliczka n'est pas un lieu comme les autres. Pendant **des siècles,** elle a été une source de sel pour les habitants de la Pologne. Aujourd'hui, c'est aussi une destination touristique populaire, avec des visiteurs du monde entier qui viennent voir ses chambres souterraines et ses sculptures uniques. Mais il y a une chambre dans la **mine** qui ne ressemble à aucune autre. On dit qu'elle est hantée par le fantôme d'un mineur mort dans un accident minier il y a de nombreuses années. Il s'appelait Janek Kowalski et n'avait que 22 ans lorsqu'il est mort. On dit que le **fantôme** de Janek hante la chambre où il est mort, et son esprit peut parfois être vu errant dans l'obscurité. Certains disent que le fantôme de Janek est **en colère** et rancunier, tandis que d'autres croient qu'il veut simplement trouver la **paix** après la mort. Quoi qu'il en soit, sa présence dans la mine en a fait un lieu de mystère et d'intrigue pour les habitants comme pour les touristes.

Par une **chaude** journée d'été, un groupe de touristes **explorait** la mine de sel de Wieliczka. Ils avaient entendu des histoires sur le fantôme de Janek, mais ils

Nagle jeden z turystów zobaczył w oddali jakąś postać. Był to mężczyzna w staromodnym ubraniu, który zdawał się unosić nad ziemią. Turysta krzyknął, a wszyscy pozostali turyści pobiegli w jego kierunku. Gdy dotarli na miejsce, po widmowej postaci nie było już śladu. Jedyną **różnicą było** to, że jedna ze świec w komnacie była zgaszona. Opowieść o duchu Janka stała się **legendą** w Kopalni Soli "Wieliczka". Turyści z całego świata przyjeżdżają, aby zobaczyć, czy uda im się zobaczyć jego **ducha**. Niektórzy twierdzą, że jest on niegroźny, inni zaś uważają, że wciąż jest zły z powodu swojej śmierci i chce się zemścić na tych, którzy wchodzą do jego komory.

Nikt nie wie na pewno, co stało się z duchem Janka, ale jedno jest pewne: Kopalnia Soli w Wieliczce nigdy nie zostanie zapomniana. Janek Kowalski był **młodym** człowiekiem, który miał przed sobą całe życie. Pracował w kopalni soli w Wieliczce i bardzo to lubił. To była **niebezpieczna** praca, ale Janek nigdy nie bał się podejmować ryzyka. Pewnego dnia, gdy Janek pracował w jednej z komór, nastąpiło zawał. Janek został **pogrzebany** żywcem pod tonami soli i **skał**. Jego ciała nie odnaleziono przez wiele dni, a kiedy je odnaleziono, było już za późno.

n'étaient pas sûrs de les croire. Alors qu'ils marchaient dans les chambres **sombres**, ils ont senti un **froid** dans l'air. Soudain, l'un des touristes a vu une silhouette au loin. C'était un homme portant des vêtements démodés, et il semblait flotter au-dessus du sol. Le touriste a crié, et tous les autres touristes ont couru vers lui. Mais quand ils sont arrivés, il n'y avait aucun signe d'une quelconque figure fantomatique. La seule chose qui était **différente** était qu'une des bougies de la chambre avait été éteinte. L'histoire du fantôme de Janek est devenue une **légende** dans la mine de sel de Wieliczka. Des visiteurs viennent du monde entier pour tenter d'apercevoir son **esprit**. Certains disent qu'il est inoffensif, tandis que d'autres pensent qu'il est toujours en colère après sa mort et qu'il veut se venger de ceux qui entrent dans sa chambre.

Personne ne sait avec certitude ce qu'est devenu le fantôme de Janek, mais une chose est sûre : la mine de sel de Wieliczka ne sera jamais oubliée. Janek Kowalski était un **jeune** homme qui avait toute sa vie devant lui. Il travaillait dans la mine de sel de Wieliczka, et il adorait ça. C'était un travail **dangereux,** mais Janek n'avait jamais peur de prendre des risques. Un jour, alors que Janek travaillait dans l'une des chambres, il y a eu un effondrement. Janek a été **enterré** vivant sous des tonnes de sel et de **roche**. Son corps n'a pas été retrouvé pendant des jours, et lorsqu'on l'a retrouvé, il était trop tard.

Pytania dotyczące rozumienia tekstu

1. Co to jest kopalnia soli w Wieliczce?

2. Jak nazywa się komora w kopalni, o której mówi się, że jest nawiedzona przez ducha Janka Kowalskiego?

3. Ile lat miał Janek Kowalski, gdy zmarł?

4. Co mówi się o duchu Janka?

5. Co się stało z duchem Janka?

6. Gdzie znajduje się kopalnia soli w Wieliczce?

7. Od jak dawna działa Kopalnia Soli "Wieliczka"?

8. Jak nazywa się komora w kopalni, o której mówi się, że jest nawiedzana przez ducha Janka Kowalskiego?

9. Jaka jest legenda o duchu Janka?

10. Co robią zwiedzający, gdy przyjeżdżają do Kopalni Soli w Wieliczce?

Questions de compréhension

1. Qu'est-ce que la mine de sel de Wieliczka ?

2. Quelle est la chambre de la mine que l'on dit être hantée par le fantôme de Janek Kowalski ?

3. Quel âge avait Janek Kowalski à sa mort ?

4. Que dit-on du fantôme de Janek ?

5. Qu'est-il arrivé au fantôme de Janek ?

6. Où se trouve la mine de sel de Wieliczka ?

7. Depuis combien de temps la mine de sel de Wieliczka est-elle en activité ?

8. Quelle est la chambre de la mine que l'on dit être hantée par le fantôme de Janek Kowalski ?

9. Quelle est la légende du fantôme de Janek ?

10. Que font les visiteurs lorsqu'ils arrivent à la mine de sel de Wieliczka ?

Obwarzanek Krakowski

W Krakowie był wczesny ranek, a **miasto** dopiero
zaczynało się budzić. **Słońce** jeszcze nie wzeszło,
ale niebo rozświetlało się jego blaskiem. Krakowscy
sprzedawcy Obwarzanka już rozstawiali swoje wózki,
przygotowując się do kolejnego dnia sprzedaży swoich
pysznych precli. Jeden ze sprzedawców, młody
mężczyzna o imieniu Jakub, był dziś szczególnie
podekscytowany. Oszczędzał od miesięcy i w
końcu miał wystarczająco dużo pieniędzy, aby kupić
własny wózek. Był to jego pierwszy dzień pracy jako
sprzedawca i nie mógł się doczekać, kiedy zacznie.
Jakub dotarł na swoje stałe miejsce w pobliżu **rynku**
i zaczął rozstawiać **wózek**. W miarę pracy czuł
narastające w nim podniecenie. Wkrótce ustawiła się
kolejka ludzi, którzy chcieli kupić jego obwarzanki. Gdy
słońce zaczęło wschodzić, podekscytowanie Jakuba
zmieniło się w zdenerwowanie. Co będzie, jeśli nikt
nie kupi jego obwarzanków? A jeśli nie zarobi tyle
pieniędzy, żeby zapłacić za wózek? Próbował wyrzucić
te myśli z głowy i skupić się na zadaniu, które miał
wykonać.

Wreszcie nadszedł czas, aby otworzyć interes.

Obwarzanek Krakowski

C'était tôt le matin à Cracovie, et la **ville** commençait tout juste à s'agiter. Le **soleil** n'était pas encore levé, mais le ciel était illuminé par sa lumière. Les vendeurs de l'Obwarzanek Krakowski installaient déjà leurs chariots, se préparant à vendre leurs **délicieux** bretzels pour une nouvelle journée. L'un d'entre eux, un jeune homme nommé Jakub, était particulièrement **enthousiaste** aujourd'hui. Il avait économisé pendant des mois et avait enfin assez d'argent pour acheter son propre chariot. Ce serait son premier jour en tant que vendeur, et il avait hâte de commencer. Jakub est arrivé à son emplacement habituel près de la place du **marché** et a commencé à installer son **chariot**. Il pouvait sentir l'excitation monter en lui tandis qu'il travaillait. Bientôt, il y aurait une file de personnes attendant d'acheter son obwarzanek. Lorsque le soleil a commencé à se lever, l'excitation de Jakub s'est transformée en nervosité. Et si personne n'achetait ses bretzels ? Et s'il ne gagnait pas assez d'**argent** pour payer son chariot ? Il a essayé de chasser ces pensées de son esprit et de se concentrer sur la tâche à accomplir.

Enfin, il était temps d'ouvrir le commerce. Jakub prit

Jakub wziął głęboki **oddech** i zawołał do pierwszego klienta: "Obwarzanek Krakowski!". Ku jego uldze, klient podszedł i kupił precla. Jakub odetchnął z ulgą, wręczając resztę. W końcu zapowiadał się **dobry** dzień. Z upływem dnia **pewność siebie** Jakuba rosła. Sprzedawał coraz więcej precli, a nawet udało mu się pozyskać kilku stałych klientów. Interes kwitł, a on zarabiał więcej pieniędzy, niż kiedykolwiek mógł sobie wyobrazić. Pod koniec dnia Jakub zarobił wystarczająco dużo pieniędzy, aby kupić sobie nową parę butów i jeszcze trochę zostało. Był **zmęczony,** ale szczęśliwy, gdy pakował swój wózek i wracał na **noc do** domu. Dla Jakuba to był dopiero początek. Od tej pory będzie znany jako krakowski sprzedawca Obwarzanków z najlepszymi preclami w mieście! Ponieważ biznes Jakuba stale się rozwijał, postanowił zatrudnić kilku pomocników. Z ich pomocą udało mu się rozszerzyć działalność i sprzedawać jeszcze więcej precli. Miał teraz stałe miejsce na rynku, a ludzie przyjeżdżali z całego miasta, żeby kupić jego obwarzanki.

une grande **inspiration** et appela le premier client :
"Obwarzanek Krakowski !" À son grand soulagement,
le client s'est approché et a acheté un bretzel. Jakub
laissa échapper un soupir de soulagement en rendant
la monnaie. Après tout, cette journée allait être
bonne. Au fur et à mesure que la journée avançait, la
confiance de Jakub augmentait. Il vend de plus en
plus de bretzels et réussit même à attirer quelques
clients réguliers. Les affaires étaient en plein essor,
et il gagnait plus d'argent qu'il n'aurait jamais pu
l'imaginer. À la fin de la journée, Jakub avait gagné
assez d'argent pour s'acheter une nouvelle paire de
chaussures et il lui en restait encore un peu. C'est
fatigué mais heureux qu'il remballe son chariot et
rentre chez lui pour la **nuit**. Ce n'était que le début
pour Jakub. À partir de maintenant, il sera connu
comme le vendeur d'Obwarzanek Krakowski avec les
meilleurs bretzels de la ville ! L'entreprise de Jakub
continuant à se développer, il a décidé d'embaucher
quelques assistants. Avec leur aide, il a pu développer
son activité et vendre encore plus de bretzels. Il avait
désormais un emplacement régulier sur la place du
marché et les gens venaient de toute la ville pour
acheter ses obwarzanek.

Pytania dotyczące rozumienia tekstu

1. Co to jest Obwarzanek Krakowski?

2. Kim jest Jakub?

3. Czym Jakub był podekscytowany tego dnia?

4. Dlaczego podekscytowanie Jakuba zmieniło się w zdenerwowanie?

5. Jak czuł się Jakub pod koniec dnia?

6. Co Jakub zrobił z zarobionymi pieniędzmi?

7. Co zrobił Jakub, gdy zobaczył człowieka ze znakiem?

8. Co powiedział mężczyzna do Jakuba?

9. Co zrobił Jakub w odpowiedzi?

10. Jaki cel przyświecał Jakubowi przy pisaniu nowego znaku?

Questions de compréhension

1. Qu'est-ce que l'Obwarzanek Krakowski ?

2. Qui est Jakub ?

3. Quelle était l'excitation de Jakub pour cette journée ?

4. Pourquoi l'excitation de Jakub s'est-elle transformée en nervosité ?

5. Comment Jakub s'est-il senti à la fin de la journée ?

6. Qu'a fait Jakub avec l'argent supplémentaire qu'il a gagné ?

7. Qu'a fait Jakub quand il a vu l'homme avec le signe ?

8. Qu'est-ce que l'homme a dit à Jakub ?

9. Qu'a fait Jakub en réponse ?

10. Quel était l'objectif de Jakub en écrivant le nouveau panneau ?

Dolina Dolnej Odry

Dolina Dolnej Odry była kiedyś miejscem tętniącym życiem, pełnym aktywności. Teraz jednak jest **cieniem** dawnego siebie. Pozostały po niej jedynie ruiny domów i przedsiębiorstw. Mówi się, że **dolina** została przeklęta przez mściwego ducha, który został skrzywdzony dawno temu. Nikt nie wie na pewno, co się stało, ale od tamtej pory dolina powoli umiera. **Rośliny** uschły, zwierzęta zniknęły, a w końcu odeszli nawet ludzie. Dziś nikt już nie przyjeżdża do Doliny Dolnej Odry. To tak, jakby w ogóle nie istniała. Jeśli jednak masz dość **odwagi,** by zapuścić się w to opuszczone miejsce, możesz przekonać się, że w tym zapomnianym zakątku świata pozostało jeszcze trochę życia. Przemierzając dolinę, nie sposób oprzeć się wrażeniu smutku. Jakby całe szczęście zostało wyssane z tego miejsca. W oddali widać jednak, że coś **się porusza**. Gdy podchodzisz bliżej, zdajesz sobie sprawę, że to człowiek! Jest poszarpany i **brudny**, ale na pewno żyje. Kiedy Cię widzi, zaczyna uciekać w popłochu.

Próbujesz iść za nimi, ale oni znikają w jednym z **opuszczonych** budynków. Ostrożnie wchodzisz za nimi, nie wiedząc, czego się spodziewać. Wewnątrz budynku jest ciemno i **stęchło**. Dopiero po **chwili** Twoje

La vallée inférieure de l'Oder

La basse vallée de l'Oder était autrefois un lieu animé, plein de vie et d'activité. Mais aujourd'hui, elle n'est plus que l'**ombre** d'elle-même. La seule chose qui reste, ce sont les ruines de ce qui fut autrefois des maisons et des entreprises. On dit que la **vallée** a été maudite par un esprit vengeur qui a été lésé il y a longtemps. Personne ne sait avec certitude ce qui s'est passé, mais depuis lors, la vallée se meurt lentement. Les **plantes** se sont fanées, les animaux ont disparu, et finalement, même les gens sont partis. Aujourd'hui, plus personne ne vient dans la vallée de l'Oder inférieur. C'est comme si elle n'existait pas du tout. Mais si vous êtes assez **courageux** pour vous aventurer dans cet endroit abandonné, vous découvrirez peut-être qu'il y a encore de la vie dans ce coin oublié du monde. En traversant la vallée, on ne peut s'empêcher de ressentir un sentiment de tristesse. C'est comme si tout le bonheur avait été aspiré de cet endroit. Mais alors, au loin, vous voyez quelque chose **qui bouge**. En vous rapprochant, vous réalisez que c'est une personne ! Elle est en haillons et **sale**, mais elle est bel et bien vivante. Quand ils vous voient, ils commencent à s'enfuir, terrorisés.

oczy przyzwyczajają się do ciemności. Gdy to się udaje, widzisz osobę skuloną w kącie, trzęsącą się ze strachu. Podchodzisz do niej powoli, nie chcąc przestraszyć jej jeszcze bardziej, niż jest w rzeczywistości. Kiedy jesteś wystarczająco blisko, zdajesz sobie sprawę, że to tylko **dzieci**. Młoda **dziewczyna,** która wygląda na nie więcej niż dziesięć lat, najwyraźniej wiele przeszła, ale wciąż ma w sobie trochę **walki.** Kiedy widzi, że nie zamierzasz jej skrzywdzić, zaczyna się lekko uspokajać. Przez chwilę siedzicie w milczeniu, a dziewczynka próbuje zebrać się na odwagę. W końcu się odzywa i opowiada swoją historię. Mówi, że ma na imię Sara i że była jedną z ostatnich osób, które opuściły dolinę, gdy wszyscy inni się wynosili. Jej rodzice zmarli wkrótce po tym, jak tu przybyli, więc Sara została tu **sama.**

Vous essayez de les suivre, mais ils disparaissent dans l'un des bâtiments **abandonnés**. Vous entrez prudemment après eux, ne sachant pas à quoi vous attendre. À l'intérieur, le bâtiment est sombre et **malodorant**. Il faut un **moment à** vos yeux pour s'adapter à l'obscurité. Quand ils le font, vous voyez la personne recroquevillée dans un coin, tremblant de peur. Vous vous approchez lentement d'elle, ne voulant pas l'effrayer plus qu'elle ne l'est déjà. Une jeune **fille** qui ne semble pas avoir plus de dix ans. Elle a manifestement beaucoup souffert, mais il lui reste encore un peu de **force**. Lorsqu'elle voit que vous ne lui ferez pas de mal, elle commence à se calmer légèrement. Vous restez tous les deux assis en silence pendant un moment, tandis que la fillette essaie de rassembler son courage. Finalement, elle prend la parole et vous raconte son histoire. Elle dit qu'elle s'appelle Sarah et qu'elle était l'une des dernières personnes à quitter la vallée alors que tout le monde s'en allait. Ses parents sont morts peu après leur arrivée ici, et Sarah s'est retrouvée toute **seule** dans cet endroit.

Pytania dotyczące rozumienia tekstu

1. Co to jest Dolina Dolnej Odry?

2. Co jest przekleństwem Doliny Dolnej Odry?

3. Kim był mściwy duch, który rzucił klątwę na dolinę?

4. Co się stało z roślinami, zwierzętami i ludźmi w dolinie?

5. Czy ktoś jeszcze mieszka w Dolinie Dolnej Odry?

6. Kim jest Sara?

7. Jak zginęli rodzice Sary?

8. Od jak dawna Sara mieszka w dolinie?

9. Co robiła Sara, gdy zobaczyła osobę, która się do niej zbliżała?

10. Co znajduje osoba, która wchodzi do opuszczonego budynku?

Questions de compréhension

1. Qu'est-ce que la basse vallée de l'Oder ?

2. Quelle est la malédiction de la basse vallée de l'Oder ?

3. Qui était l'esprit vengeur qui a maudit la vallée ?

4. Qu'est-il arrivé aux plantes, aux animaux et aux habitants de la vallée ?

5. Y a-t-il quelqu'un qui vit encore dans la basse vallée de l'Oder ?

6. Qui est Sarah ?

7. Comment les parents de Sarah sont-ils morts ?

8. Depuis combien de temps Sarah vit-elle dans la vallée ?

9. Que faisait Sarah quand elle a vu la personne venir vers elle ?

10. Que trouve la personne lorsqu'elle entre dans le bâtiment abandonné ?

Miasto Gdańsk

Gdańsk był kiedyś kwitnącą **metropolią**. Teraz jednak jest tylko cieniem dawnego siebie. Ulice są **puste,** a budynki się rozpadają. Nad miastem niczym koc unosi się niesamowita cisza. Ale w Gdańsku wciąż jest życie. W opuszczonych budynkach, w ukrytych zakątkach miasta mieszkają ludzie, którzy nie chcą się poddać. Trzymają się nadziei, że pewnego dnia Gdańsk znów powstanie i będzie tym wielkim miastem, którym był kiedyś. Jedną z takich osób jest Janusz Kowalski. Mieszka w Gdańsku całe życie i pamięta, jak to było, zanim wszystko się rozpadło. Teraz spędza dni, włócząc się po ulicach, zbierając **śmieci** i starając się utrzymać porządek. Nie jest to wiele, ale jest to coś, co może zrobić, aby pomóc swojemu **ukochanemu** miastu. Pewnego dnia Janusz był na swoim zwykłym obchodzie, kiedy usłyszał hałas dochodzący z jednego z opuszczonych budynków. Ostrożnie podszedł i **zajrzał do** środka. To, co zobaczył, zszokowało go. Tam mieszkali ludzie! Dzieci biegające wokół, kobiety gotujące przy **ognisku...** To było jak scena z innej epoki.

Janusz nie wiedział, co robić. Chciał pomóc tym ludziom, ale **bał się,** że narazi ich na kłopoty. W końcu zdecydował się pójść do władz i powiedzieć

La ville de Gdańsk

La ville de Gdańsk était autrefois une **métropole** prospère. Mais aujourd'hui, elle n'est plus que l'ombre d'elle-même. Les rues sont **vides** et les bâtiments sont en ruine. Il y a un silence étrange qui plane sur la ville comme une couverture. Mais il y a encore de la vie à Gdańsk. Dans les bâtiments abandonnés, dans les coins cachés de la ville, il y a des gens qui ont refusé d'abandonner leur maison. Ils s'accrochent à l'espoir qu'un jour, Gdańsk se relèvera et sera la grande ville qu'elle a été. L'une de ces personnes est Janusz Kowalski. Il a vécu à Gdańsk toute sa vie, et il se souvient de ce que c'était avant que tout ne s'écroule. Maintenant, il passe ses journées à errer dans les rues, à ramasser les **ordures** et à essayer de garder les choses en ordre. Ce n'est pas grand-chose, mais c'est quelque chose qu'il peut faire pour aider sa ville **bien-aimée**. Un jour, Janusz faisait sa ronde habituelle lorsqu'il a entendu un bruit provenant d'un des bâtiments abandonnés. Il s'est approché prudemment et a **regardé à** l'intérieur. Ce qu'il a vu l'a choqué. Il y avait des gens qui vivaient là ! Des enfants qui courent partout, des femmes qui cuisinent sur un **feu...** C'était comme une scène d'un autre temps.

Janusz ne savait pas quoi faire. Il voulait aider ces

im o **lokatorach**. Czy na pewno będą w stanie im pomóc? Ale kiedy Janusz poszedł do władz, te tylko go wyśmiały i powiedziały, że nic nie mogą zrobić. Zniechęcony Janusz wrócił do **obozu dla lokatorów** i opowiedział im, co się stało. Ludzie podziękowali mu za jego wysiłki, ale powiedzieli, że są przyzwyczajeni do ignorowania przez władze. Od lat udawało im się przetrwać na własną rękę i w najbliższym czasie nigdzie się nie wybierają. Janusz był zdumiony **odpornością** tych ludzi. Mimo wszystko wciąż walczyli o to, by ułożyć sobie życie. Zaczął ich regularnie odwiedzać, przynosząc jedzenie i zapasy, kiedy tylko mógł. Z czasem poznał ich lepiej i zaczął podziwiać ich **siłę.** Wśród tych wszystkich gruzów i ruin stworzyli swoją małą **społeczność.** Troszczyli się o siebie nawzajem i pomagali sobie.

Janusz zdał sobie sprawę, że tego właśnie potrzebuje Gdańsk - więcej takich ludzi, którzy są gotowi pomóc w odbudowie miasta od podstaw. W końcu wieść o obozie dla squatterów się rozniosła i coraz więcej osób zaczęło tam **mieszkać**. Puste niegdyś budynki znów wypełniły się życiem. Powoli, ale nieuchronnie Gdańsk zaczynał wychodzić z mrocznych czasów.

gens, mais il avait **peur** de leur attirer des ennuis. Finalement, il a décidé d'aller voir les autorités et de leur parler des **squatters**. Ils seraient sûrement en mesure de les aider ? Mais lorsque Janusz est allé voir les autorités, elles se sont moquées de lui et lui ont dit qu'elles ne pouvaient rien faire. Découragé, Janusz est retourné au **camp** des squatters et leur a raconté ce qui s'était passé. Les habitants l'ont remercié pour ses efforts, mais lui ont dit qu'ils étaient habitués à être ignorés par le gouvernement. Ils avaient survécu par leurs propres moyens pendant des années et n'étaient pas près de disparaître. Janusz a été stupéfait par la **résilience** de ces gens. Malgré tout, ils se battaient encore pour se faire une vie. Il a commencé à leur rendre visite régulièrement, leur apportant de la nourriture et des fournitures quand il le pouvait. Au fil du temps, il a appris à mieux les connaître et à admirer leur **force**. Les squatters avaient créé leur propre petite **communauté au** milieu des décombres et des ruines. Ils veillaient les uns sur les autres et s'entraidaient.

Janusz s'est rendu compte que c'était ce dont Gdańsk avait besoin - plus de gens comme lui, prêts à aider à reconstruire la ville à partir de zéro. Finalement, la nouvelle du camp de squatters s'est répandue, et de plus en plus de personnes ont commencé à venir y **vivre**. Les bâtiments autrefois vides étaient à nouveau remplis de vie. Lentement mais sûrement, Gdańsk commençait à se remettre de ses jours sombres.

Pytania dotyczące rozumienia tekstu

1. Jak wygląda obecnie miasto Gdańsk?

2. Jak gdańszczanie czują się w swoim mieście?

3. Kim jest Janusz Kowalski?

4. Co zrobił Janusz, gdy zobaczył squattersów?

5. Dlaczego władze nie pomogły lokatorom?

6. Jak zareagowali mieszkańcy squatu, gdy Janusz powiedział im o władzach?

7. Co Janusz czuł wobec lokatorów?

8. Co zrobił Janusz, aby pomóc lokatorom?

9. Jak zmieniało się miasto Gdańsk na przestrzeni dziejów?

10. Kim są prawdziwi bohaterowie tej historii?

Questions de compréhension

1. Comment est la ville de Gdańsk aujourd'hui ?

2. Que pensent les habitants de Gdańsk de leur ville ?

3. Qui est Janusz Kowalski ?

4. Qu'a fait Janusz quand il a vu les squatters ?

5. Pourquoi les autorités n'ont-elles pas aidé les squatters ?

6. Comment les squatters ont-ils réagi lorsque Janusz leur a parlé des autorités ?

7. Que pensait Janusz des squatters ?

8. Qu'a fait Janusz pour aider les squatters ?

9. Comment la ville de Gdańsk a-t-elle changé au fil du temps ?

10. Qui sont les véritables héros de cette histoire ?

Pierogi

To była ciemna i **burzliwa** noc. Pierożek, mały polski pierożek, trząsł się w swoim **łóżeczku** z liści kapusty. Został sam w zimnej, wilgotnej **piwnicy** i bardzo się bał. Nagle usłyszał kroki na schodach prowadzących w dół do piwnicy. Ktoś po niego szedł! Pierogi próbował schować się pod liście kapusty, ale było już za późno. Drzwi do piwnicy otworzyły się i wielka ręka chwyciła go za **kark**. Wyciągnięto go na światło dzienne i stanął twarzą w twarz z bardzo rozgniewaną kobietą. Kobieta krzyczała na Pierożka po polsku, domagając się odpowiedzi na pytanie, dlaczego ukrywa się w jej piwnicy. Pierogi wyjaśnił, że było mu **zimno,** był głodny i nie miał dokąd pójść. Serce kobiety nieco zmiękło, gdy zobaczyła, jak żałośnie wygląda ten mały pierożek, i postanowiła go przygarnąć. Kobieta nakarmiła Pierożka **gotowanymi** ziemniakami i marchewką, a następnie położyła go do łóżka obok własnych dzieci. Zasypiając, Pierogi myślał o tym, jakie miał szczęście, że ta miła kobieta przygarnęła go w tak ciemną i burzliwą noc.

Następnego ranka Pierogi obudził **śmiech**. Zerknął spod kołdry i zobaczył, że dzieci tej kobiety bawią się z nim. Ze starego **pudełka po butach** zrobiły dla niego małe łóżeczko i udawały, że karmią go kawałkami wymyślonego jedzenia. Pierogi był tak wzruszony

Pierogi

C'était une nuit sombre et **orageuse**. Pierogi, la petite boulette polonaise, frissonnait dans son **lit** de feuilles de chou. Il avait été laissé tout seul dans la **cave** froide et humide, et il avait très peur. Soudain, il entendit des bruits de pas dans l'escalier menant à la cave. Quelqu'un venait pour lui ! Pierogi a essayé de se cacher sous les feuilles de chou, mais il était trop tard. La porte de la cave s'est ouverte et une grande main est entrée et l'a attrapé par la peau du **cou**. Il a été tiré vers la lumière et s'est retrouvé face à face avec une femme très en colère. La femme a crié à Pierogi en polonais, exigeant de savoir pourquoi il s'était caché dans sa cave. Pierogi a expliqué qu'il avait **froid** et faim et qu'il n'avait nulle part ailleurs où aller. Le cœur de la femme s'adoucit légèrement lorsqu'elle vit à quel point la petite boulette avait l'air pathétique, et elle décida de l'accueillir. La femme a donné à Pierogi des pommes de terre **bouillies** et des carottes, puis l'a mis au lit à côté de ses propres enfants. Alors qu'il s'endormait, Pierogi pensait à la chance qu'il avait eue que cette gentille femme l'ait recueilli par une nuit si sombre et orageuse.

Le lendemain matin, Pierogi s'est réveillé au son des **rires**. Il sortit de sous les couvertures et vit que les enfants de la femme jouaient avec lui. Ils lui avaient

dobrocią kobiety i jej dzieci, że zaczął płakać. Dzieci przerwały **zabawę** i podeszły do Pierożka, aby go pocieszyć, delikatnie głaskały go po głowie, a on z powrotem zasnął. Kiedy Pierogi obudził się ponownie, był już dzień. Kobiety i jej dzieci już nie było, ale zostawili mu na śniadanie talerz z pierogami. Pierożek był tak szczęśliwy, że zjadł wszystkie, a potem z pełnym brzuchem i ciepłym **sercem** wrócił do snu. Pierogi mieszkał z kobietą i jej dziećmi przez wiele lat i zawsze był szczęśliwy. Nigdy nie zapomniał ciemnej i burzliwej nocy, kiedy po raz pierwszy został przygarnięty, i każdego dnia był wdzięczny za **dobroć** swojej nowej rodziny.

Pewnego dnia, gdy Pierogi były już bardzo stare i **siwe,** dzieci kobiety dorosły i wyprowadziły **się**. Kobieta również przygotowywała się do przeprowadzki, aby zamieszkać ze swoją córką w innym mieście. Przyszła pożegnać się z Pierogiem i mocno go **uściskała**. Pierogi patrzył, jak kobieta odjeżdża, a potem wrócił do **domu**. Bez niej czuł się bardzo pusty, ale Pierogi wiedział, że sobie **poradzi**. Miał wiele szczęśliwych wspomnień z czasów spędzonych ze swoją pierwszą rodziną i był pewien, że czeka go jeszcze wiele dobrych chwil.

fabriqué un petit lit avec une vieille **boîte à chaussures** et faisaient semblant de lui donner des morceaux de nourriture imaginaire. Pierogi fut tellement touché par la gentillesse de la femme et de ses enfants qu'il se mit à pleurer. Les enfants ont arrêté de **jouer** et se sont approchés pour le réconforter, lui tapotant doucement la tête pendant qu'il se rendormait en pleurant. Quand Pierogi s'est réveillé, il faisait jour. La femme et ses enfants étaient partis, mais ils lui avaient laissé une assiette de pierogi pour le petit-déjeuner. Pierogi était si heureux qu'il les a mangés jusqu'au dernier, puis il s'est rendormi le ventre plein et le **cœur** chaud. Pierogi a vécu avec la femme et ses enfants pendant de nombreuses années, et il était toujours heureux. Il n'a jamais oublié la nuit sombre et orageuse où il a été recueilli pour la première fois, et il était reconnaissant chaque jour de la **gentillesse** de sa nouvelle famille.

Un jour, alors que Pierogi était très vieux et **grisonnant**, les enfants de la femme avaient grandi et **déménagé**. La femme se préparait à déménager aussi, pour aller vivre avec sa fille dans une autre ville. Elle est venue dire au revoir à Pierogi et lui a fait un gros **câlin**. Pierogi a regardé la femme partir, puis il est retourné dans la **maison**. Il se sentait très vide sans elle, mais Pierogi savait que tout irait **bien**. Il avait de nombreux souvenirs heureux du temps passé avec sa première famille, et il était sûr qu'il y avait encore beaucoup de bons moments à venir.

Pytania dotyczące rozumienia tekstu

1. Co robi Pierogi, gdy słyszy kroki schodzące do piwnicy?

2. Dlaczego kobieta była zła, gdy znalazła Pierogi w swojej piwnicy?

3. Co kobieta zrobiła dla Pierożka po tym, jak postanowiła go przygarnąć?

4. Jak czuł się Pierożek, gdy obudził się na dźwięk śmiechu?

5. Dlaczego Pierogi był wdzięczny swojej nowej rodzinie?

6. Kiedy Pierogi ponownie spotyka się z kobietą po jej wyprowadzce?

7. Co robi Pierogi, gdy kobieta przychodzi się pożegnać?

8. Jak się czuje Pierogi po wyjściu kobiety?

9. Co Pierogi robi z resztą swoich dni?

10. Dlaczego Pierogi nigdy nie zapomną o swojej rodzinie?

Questions de compréhension

1. Que fait Pierogi quand il entend des bruits de pas qui descendent à la cave ?

2. Pourquoi la femme était-elle en colère lorsqu'elle a trouvé des Pierogi dans sa cave ?

3. Qu'a fait la femme pour Pierogi après avoir décidé de l'héberger ?

4. Comment s'est senti Pierogi quand il s'est réveillé au son des rires ?

5. Pourquoi Pierogi était-il reconnaissant envers sa nouvelle famille ?

6. Quand Pierogi revoit-il la femme après qu'elle ait déménagé ?

7. Que fait Pierogi quand la femme vient lui dire au revoir ?

8. Comment se sent Pierogi après le départ de la femme ?

9. Que fait Pierogi du reste de ses journées ?

10. Pourquoi Pierogi n'oubliera-t-il jamais sa famille ?

Solidarność

Na początku lat 80. w Polsce panował **chaos**. Po II wojnie światowej Związek Radziecki ustanowił w Polsce rząd komunistyczny, a ludzie byli **zmęczeni** uciskiem. Chcieli zmian. W sierpniu 1980 r. robotnicy w Stoczni Gdańskiej rozpoczęli strajk, protestując przeciwko warunkom pracy i niskim płacom. Lech Wałęsa, **elektryk w** stoczni, stał się przywódcą strajkujących. Pomógł on wynegocjować porozumienie z dyrekcją, które przewidywało podwyżki i poprawę warunków pracy. Wydarzenie to zapoczątkowało ogólnokrajowy ruch na rzecz reform, znany jako Solidarność. Przez ponad rok Solidarność walczyła o demokrację i prawa człowieka w Polsce. W grudniu 1981 r. rząd wprowadził stan wojenny, próbując w ten sposób **zdławić** ruch. Jednak Solidarność kontynuowała pokojową walkę o **reformy** przez całe lata 80., aż w końcu osiągnęła sukces w 1989 r., kiedy w całej Europie Wschodniej upadł komunizm. Był gorący letni dzień w Gdańsku, a stoczniowcy pocili się podczas pracy. Lech Wałęsa, elektryk, pracował na **suwnicy,** gdy usłyszał krzyki dochodzące z drugiej strony stoczni. Zszedł na dół, żeby zobaczyć, co się dzieje.

Grupa robotników zebrała się wokół brygadzisty, który krzyczał na nich. Brygadzista żądał, aby

Solidarność

C'est le début des années 1980 en Pologne, et le pays est en pleine **tourmente**. L'Union soviétique avait installé un gouvernement communiste en Pologne après la Seconde Guerre mondiale, et le peuple en avait **assez** d'être opprimé. Ils voulaient du changement. En août 1980, les ouvriers du chantier naval de Gdańsk se sont mis en grève pour protester contre les conditions de travail et les bas salaires. Lech Wałęsa, un **électricien** du chantier naval, est devenu le leader des grévistes. Il a aidé à négocier un accord avec la direction qui comprenait des augmentations et de meilleures conditions de travail. Cet événement a déclenché un mouvement national de réforme connu sous le nom de Solidarność (Solidarité). Pendant plus d'un an, Solidarité a lutté pour la démocratie et les droits de l'homme en Pologne. En décembre 1981, la loi martiale a été imposée par le gouvernement dans le but d'**écraser** le mouvement. Cependant, Solidarité a continué à lutter pacifiquement pour la **réforme** tout au long des années 1980, jusqu'à ce que le succès soit au rendez-vous en 1989, lorsque le communisme s'est effondré en Europe de l'Est. C'est une chaude journée d'été à Gdańsk et les ouvriers du chantier naval transpirent en travaillant dur. Lech Wałęsa, un électricien, travaillait sur une **grue** lorsqu'il a entendu

wrócili do pracy, bo w przeciwnym razie odbierze im wynagrodzenie. Robotnicy byli wściekli i nie chcieli **ustąpić**. Wałęsa wystąpił do przodu i zapytał brygadzistę, co się dzieje. Brygadzista powiedział mu, że kierownictwo postanowiło obniżyć płace o 10 procent we **wszystkich zakładach**. Wałęsa nie mógł w to uwierzyć! Wiedział, że pracownicy nie mogą sobie pozwolić na kolejną obniżkę płac - wielu z nich już teraz walczy o przetrwanie. Wałęsa zwołał **zebranie pracowników,** a ci postanowili rozpocząć **strajk**. Wyznaczyli linie pikiet i zaczęli rozprzestrzeniać się po innych stoczniach w całej Polsce. Wkrótce strajki wybuchały w całym kraju. Rząd zareagował, wysyłając policję i **żołnierzy,** aby rozbić protesty. Jednak ludzie nie dali się uciszyć. Nie ustawali w walce o swoje prawa, nawet jeśli oznaczało to narażenie się na **przemoc** ze strony rządzących.

des cris provenant de l'autre côté du chantier. Il est descendu pour voir ce qui se passait.

Un groupe d'ouvriers est rassemblé autour d'un contremaître qui leur crie dessus. Le contremaître exigeait qu'ils reprennent le travail ou il leur retirait leur salaire. Les travailleurs étaient en colère et refusaient de **bouger**. Wałęsa s'est avancé et a demandé au contremaître ce qui se passait. Le contremaître lui a dit que la direction avait décidé de réduire les salaires de 10 % sur toute la **ligne**. Wałęsa ne pouvait pas le croire ! Il savait que les travailleurs ne pouvaient pas se permettre une autre réduction de salaire - beaucoup avaient déjà du mal à s'en sortir. Wałęsa a convoqué une **réunion** des travailleurs, et ils ont décidé de faire la **grève**. Ils ont dressé des piquets de grève et ont commencé à faire passer le message aux autres chantiers navals de Pologne. Bientôt, des grèves ont éclaté dans tout le pays. Le gouvernement a réagi en envoyant des policiers et des **soldats** pour disperser les protestations. Cependant, les gens ne se laissent pas réduire au silence. Ils continuent à se battre pour leurs droits, même s'ils doivent faire face à la **violence** du pouvoir.

Pytania dotyczące rozumienia tekstu

1. Jak nazywał się ruch, który walczył o demokrację i prawa człowieka w Polsce?

2. W którym roku zaczęto wprowadzać stan wojenny, próbując zdławić ruch?

3. Kto stał na czele ruchu "Solidarność"?

4. Przeciwko czemu protestowali robotnicy, podejmując strajk?

5. Dlaczego w odpowiedzi rząd wysłał policję i żołnierzy w celu rozbicia protestów?

6. Jakie porozumienie pomógł wynegocjować Lech Wałęsa z kierownictwem?

7. O co walczył naród polski?

8. Co wydarzyło się w 1989 roku?

9. Jakie jest dziedzictwo ruchu Solidarność?

10. Czym żyje duch Solidarności w sercach tych, którzy walczą o lepszy świat?

Questions de compréhension

1. Quel était le nom du mouvement qui s'est battu pour la démocratie et les droits de l'homme en Pologne ?

2. En quelle année la loi martiale a-t-elle commencé à être imposée pour tenter d'écraser le mouvement ?

3. Qui était le leader du mouvement Solidarité ?

4. Contre quoi les travailleurs protestaient-ils lorsqu'ils se sont mis en grève ?

5. Pourquoi le gouvernement a-t-il réagi en envoyant des policiers et des soldats pour disperser les manifestations ?

6. Quel accord Lech Wałęsa a-t-il aidé à négocier avec la direction ?

7. Pour quoi le peuple polonais se battait-il ?

8. Que s'est-il passé en 1989 ?

9. Quel est l'héritage du mouvement Solidarité ?

10. Qu'est-ce que l'esprit de solidarité fait vivre dans le cœur de ceux qui luttent pour un monde meilleur ?

Kraków

Kraków był kiedyś tętniącym życiem miastem, pełnym życia i **energii**. Teraz jednak jest cieniem dawnego siebie. Ulice są puste, budynki **się rozpadają**, a jedynym dźwiękiem jest wiatr hulający po opustoszałych ulicach. Nie zawsze tak było. Jeszcze kilka lat temu Kraków kwitł. Ale potem przyszła **wojna**. A wraz z nią śmierć i zniszczenie. Miasto zostało zbombardowane bezlitośnie, aż pozostały po nim tylko gruzy i popiół. Teraz jest to miasto duchów, pamiątka po tym, co było kiedyś. Ale są jeszcze ludzie, którzy nie chcą się poddać. Wciąż żyją w ruinach, zdecydowani odbudować swoje miasto i sprawić, by znów kwitło. Jedną z takich osób jest Janina. **Urodziła** się i wychowała w Krakowie, i kocha swoje miasto całym sercem. Każdego dnia niestrudzenie pracuje przy usuwaniu **gruzów** i naprawianiu tego, co da się naprawić. To **powolny** proces, ale nie przeszkadza jej to, bo wie, że pewnego dnia Kraków znów powstanie.

Pewnego dnia Janina pracuje przy oczyszczaniu fragmentu ulicy, gdy słyszy **hałas**. Rozgląda się, ale nikogo tam nie ma. Wzrusza ramionami i wraca do pracy, ale hałas jest coraz głośniejszy. W końcu nie wytrzymuje, musi zobaczyć, co to za dźwięk. Podąża za hałasem, aż dociera do małego **otworu** w ziemi.

Cracovie

Cracovie était autrefois une ville animée, pleine de vie et d'**énergie**. Mais aujourd'hui, elle n'est plus que l'ombre d'elle-même. Les rues sont vides, les bâtiments **s'effondrent**, et le seul bruit est celui du vent qui souffle dans les rues désertes. Il n'en a pas toujours été ainsi. Il y a seulement quelques années, Cracovie était prospère. Mais la **guerre** est arrivée. Et avec elle, la mort et la destruction. La ville a été bombardée sans pitié jusqu'à ce qu'il ne reste plus que des décombres et des cendres. Aujourd'hui, c'est une ville fantôme, un rappel de ce qui était autrefois. Mais il y a encore des gens qui refusent d'abandonner Cracovie. Ils continuent à vivre dans les ruines, déterminés à reconstruire leur ville et à la faire prospérer à nouveau. Janina est l'une de ces personnes. Elle est **née** et a grandi à Cracovie, et elle aime sa ville de tout son cœur. Chaque jour, elle travaille sans relâche pour déblayer les **débris** et réparer ce qui peut l'être. C'est un processus **lent**, mais cela ne la dérange pas car elle sait qu'un jour, Cracovie se relèvera.

Un jour, Janina travaille à nettoyer une partie de la rue lorsqu'elle entend un **bruit**. Elle regarde autour d'elle, mais il n'y a personne. Elle hausse les épaules et reprend son travail, mais le bruit est de plus en plus

Wygląda to jak jakiś tunel. I wtedy słyszy go ponownie: słaby **głos** wołający o pomoc. Janina bez wahania schodzi w głąb tunelu. Jest ciemny, ciasny, pełen zakrętów i zawijasów. Ale nie zatrzymuje się, bo ktoś potrzebuje jej pomocy. Po godzinach czołgania się w ciemnościach Janina dociera w końcu do małej komory, w której uwięziona jest **osoba.** Jest ranna i odwodniona, ale żyje. Z pomocą Janiny udaje im się wydostać z tunelu i wrócić do miasta. "Myśleliśmy, że wszyscy nas opuścili - mówią słabo - ale wy wróciliście po nas". Ale wy wróciliście po nas." "Nigdy nie mogłabym opuścić swojego domu" - odpowiada z uśmiechem Janina. I od tej **chwili** wie, że Kraków nigdy nie będzie naprawdę stracony, dopóki są ludzie, którym zależy na nim na **tyle,** by walczyć o jego przetrwanie.

Obecnie Kraków powoli, ale nieubłaganie wraca do życia. Janina i inni **mieszkańcy** niestrudzenie pracowali nad jego **odbudową**, a ich wysiłki wreszcie zaczynają przynosić efekty. Miasto nadal jest dalekie od tego, czym było kiedyś, ale nie jest już miastem duchów. Znów mieszkają tu ludzie, a firmy zaczynają się otwierać.

fort. Finalement, elle n'en peut plus ; elle doit voir ce qui fait ce bruit. Elle suit le bruit jusqu'à ce qu'elle arrive à une petite **ouverture** dans le sol. Cela ressemble à une sorte de tunnel. Et puis elle l'entend à nouveau : une faible **voix** qui appelle à l'aide. Sans hésiter, Janina descend dans le tunnel. C'est sombre, étroit et plein de virages. Mais elle ne s'arrête pas car quelqu'un a besoin de son aide. Après des heures passées à ramper dans l'obscurité, Janina arrive enfin dans une petite chambre où la **personne** est piégée. Elle est blessée et déshydratée, mais elle est vivante. Avec l'aide de Janina, ils parviennent à sortir du tunnel et à retourner en ville. "On pensait que tout le monde nous avait abandonnés," disent-ils faiblement." Mais tu es revenu pour nous." "Je ne pourrais jamais abandonner ma maison", répond Janina en souriant. Et à partir de ce **moment-là**, elle sait que Cracovie ne sera jamais vraiment perdue tant qu'il y aura des gens qui s'y intéresseront **suffisamment** pour se battre pour sa survie.

Aujourd'hui, Cracovie revient lentement mais sûrement à la vie. Janina et les autres **habitants** ont travaillé sans relâche pour la **reconstruire**, et leurs efforts commencent enfin à porter leurs fruits. La ville est encore loin de ce qu'elle était autrefois, mais ce n'est plus une ville fantôme. Des gens y vivent à nouveau et des commerces commencent à s'ouvrir.

Pytania dotyczące rozumienia tekstu

1. Jak wyglądał Kraków przed wojną?

2. Jak wojna wpłynęła na Kraków?

3. Kim jest Janina?

4. Jaki jest cel Janiny?

5. Co robi Janina, gdy słyszy hałas?

6. Skąd dochodzi hałas?

7. Kto jest uwięziony w tunelu?

8. Co Janina sądzi o przyszłości Krakowa?

9. Jaki jest nowy projekt Janiny?

10. Co czuje Janina, gdy idzie ulicami miasta?

Questions de compréhension

1. Comment était Cracovie avant la guerre ?

2. Comment la guerre a-t-elle affecté Cracovie ?

3. Qui est Janina ?

4. Quel est l'objectif de Janina ?

5. Que fait Janina quand elle entend un bruit ?

6. D'où vient le bruit ?

7. Qui est piégé dans le tunnel ?

8. Que pense Janina de l'avenir de Cracovie ?

9. Quel est le nouveau projet de Janina ?

10. Que ressent Janina lorsqu'elle marche dans les rues ?

Na plaży

Po wschodzie słońca fale są głośniejsze, a piasek nad odpływem jest biały. Schodzę na plażę, **podziwiając** morze i słońce. Moje palce czują żłobienia muszelek. Piasek jest zimny na moich palcach. Uśmiecham się i idę dalej. Przypływ jest duży, więc muszę uważać, żeby nie dać się wciągnąć. Idę wzdłuż brzegu wody, podziwiając morze. Wschód słońca jest **piękny**, a fale rozbijają się o brzeg. Czuję się tak spokojnie. Dochodzę do miejsca, gdzie znajduje się wychodnia skalna. Siadam i patrzę na fale. Woda jest taka niebieska, a niebo takie **pomarańczowe**. Czuję się jak we śnie. Zamykam oczy i wsłuchuję się w szum fal. Siedziałem tam długo, aż usłyszałem, że ktoś woła moje imię.

Otwieram oczy i widzę mamę, która idzie w moją stronę. Ma zmartwiony wyraz twarzy. Uśmiecham się i macham, a ona się **rozluźnia**. "Zastanawiałam się, dokąd poszedłeś" - mówi. "Cieszę się, że dobrze się bawisz na plaży". Odpowiadam: "Tak." "Jest tu tak pięknie." "Wiem," mówi. "Kiedy byłam w twoim wieku, ciągle tu przyjeżdżałam". "Naprawdę?" pytam. "Tak" - odpowiada. "To wyjątkowe miejsce." "Czy spotkałaś tu kiedyś kogoś wyjątkowego?" pytam. "Tak" - odpowiada z uśmiechem. "Twojego ojca." "Naprawdę?" mówię **zaskoczony**. "Tak," mówi. "Przychodziliśmy tu razem

A la plage

Après le lever du soleil, les vagues sont plus fortes et le sable au-dessus de la marée est blanc. Je marche jusqu'à la plage, **admirant** la mer et le soleil. Mes orteils sentent les rainures des coquillages. Le sable est froid sur mes orteils. Je souris et je continue. La marée est haute, alors je dois faire attention à ne pas me laisser entraîner. Je marche le long du bord de l'eau, en admirant la mer. Le lever du soleil est **magnifique**, et les vagues s'écrasent. Je me sens si paisible. J'arrive à un endroit où il y a un affleurement rocheux. Je m'assieds et je regarde les vagues. L'eau est si bleue et le ciel est si **orange**. J'ai l'impression d'être dans un rêve. Je ferme les yeux et je me contente d'écouter les vagues. Je suis restée assise pendant un long moment, jusqu'à ce que j'entende quelqu'un m'appeler.

J'ouvre les yeux et je vois ma mère marcher vers moi. Elle a un air inquiet sur le visage. Je souris et je lui fais signe, et elle **se détend**. "Je me demandais où tu étais allée", dit-elle. "Je suis contente que tu profites de la plage." Je réponds : "J'en profite." "C'est tellement beau ici." "Je sais", dit-elle. "Je venais ici tout le temps quand j'avais ton âge." "Vraiment ?" Je demande. "Ouais", répond-elle. "C'est un endroit spécial." "As-tu déjà rencontré quelqu'un de spécial ici ?" Je demande. "Oui",

przez cały czas. Tu się zakochaliśmy. "Uśmiecham się, **wyobrażając sobie, jak** moi rodzice zakochują się na tej pięknej plaży. "To wyjątkowe miejsce" - powtarza. "Cieszę się, że tu dziś przyjechaliście".

Siedzimy tam jeszcze przez chwilę, **obserwując** fale i zachód słońca. Potem wstajemy i wracamy do naszych plażowych ręczników. Ja kładę się i patrzę w gwiazdy. Czuję się taka szczęśliwa i zadowolona. Fale są teraz głośniejsze, a piasek zimny. Słońce zachodzi i wieje chłodna bryza. Fale rozbijają się o brzeg, a w powietrzu unosi się zapach soli. To idealny wieczór na plażę. Spaceruję wzdłuż brzegu, **wsłuchując się w** szum fal i obserwując zachód słońca. Widzę grupę ludzi siedzących na piasku, śmiejących się i żartujących. Wygląda na to, że świetnie się bawią. Podchodzę do nich i pytam, czy mogę do nich dołączyć. Zgodzili się i spędziliśmy resztę wieczoru, rozmawiając, śmiejąc się i oglądając zachód **słońca**. To jest doskonały wieczór. Razem z grupą rozmawiamy aż do zachodu słońca. Dzielimy się opowieściami i żartami, wszyscy świetnie się bawimy. Gdy noc zaczyna zapadać, wszyscy zaczynamy odczuwać zmęczenie. Całujemy się na **pożegnanie** i rozstajemy. Wracam do hotelu, czuję się szczęśliwa i zadowolona. Nie mogę uwierzyć, jak pięknie tu jest. Jestem szczęśliwa, że mogłam tego **doświadczyć**.

répond-elle avec un sourire. "Ton père." "Vraiment ?"
Je dis, **surpris**. "Oui," dit-elle. "Nous avions l'habitude
de venir ici tout le temps ensemble. C'est là que nous
sommes tombés amoureux. " Je souris, **imaginant**
mes parents tombant amoureux sur cette magnifique
plage. " C'est un endroit spécial ", répète-t-elle. "Je suis
contente que tu sois venu ici aujourd'hui."

Nous restons assis là un moment de plus, à **regarder**
les vagues et le coucher de soleil. Puis nous nous
levons et retournons à nos serviettes de plage.
Je m'allonge et regarde les étoiles. Je me sens si
heureuse et satisfaite. Les vagues sont plus fortes
maintenant, et le sable est froid. Le soleil se couche et
une brise fraîche souffle. Les vagues s'écrasent sur le
rivage et l'odeur du sel flotte dans l'air. C'est une soirée
parfaite pour être à la plage. Je me promène le long du
rivage, en **écoutant le** bruit des vagues et en regardant
le coucher du soleil. Je vois un groupe de personnes
assises sur le sable, qui rient et plaisantent. Ils ont
l'air de passer un bon moment. Je m'approche d'eux
et leur demande si je peux les rejoindre. Ils acceptent
et nous passons le reste de la soirée à parler, à rire
et à regarder le **coucher de soleil**. C'est une soirée
parfaite. Le groupe et moi parlons jusqu'au coucher du
soleil. Nous partageons des histoires et des blagues,
et nous passons tous un bon moment. À la tombée de
la nuit, nous commençons tous à nous sentir fatigués.
Nous nous embrassons et nous nous séparons.

Pytania dotyczące rozumienia tekstu

1. Dokąd udaje się narratorka po przebudzeniu?

2. Czym zachwyca się narratorka, spacerując po plaży?

3. Na co musi uważać narratorka podczas spaceru po plaży?

4. Gdzie siada narrator, aby podziwiać widok?

5. Jak długo narrator tam siedzi?

6. Kogo widzi narratorka, gdy ponownie otwiera oczy?

7. Co mówi matka narratora?

8. O czym rozmawiają narratorka i ludzie, których spotyka?

Questions de compréhension

1. Où va la narratrice après son réveil ?

2. Qu'est-ce que la narratrice admire en marchant le long de la plage ?

3. De quoi la narratrice doit-elle se méfier lorsqu'elle marche le long de la plage ?

4. Où le narrateur s'assoit-il pour profiter de la vue ?

5. Combien de temps le narrateur reste-t-il assis là ?

6. Qui la narratrice voit-elle lorsqu'elle ouvre à nouveau les yeux ?

7. Que dit la mère du narrateur ?

8. De quoi parlent la narratrice et les personnes qu'elle rencontre ?

Kemping nad jeziorem

Idę w stronę jeziora, **podziwiając** spokój tego miejsca. Słońce świeci nad małym jeziorem, sprawiając, że woda wygląda jak tafla szkła. Jedynym ruchem jest sporadyczne falowanie ryby **przełamującej** powierzchnię. Nawet ptaki wydają się odpoczywać od upału, a powietrze wypełnia jedynie dźwięk cykad. **Nagle** spokój przerywa głośny plusk. Duża **ryba** wyskakuje z wody, próbując złapać ważkę. Ryba nie trafia w cel i z pluskiem wpada z powrotem do wody. "Wow", myślę sobie, "to była duża ryba!". Rozejrzałem się, czy nikt inny jej nie widział, ale nikogo nie było w pobliżu. Chyba będę musiał im o tym powiedzieć po powrocie do obozu".

Upał jest **uciążliwy**, trudno oddychać. Powietrze jest gęste i ciężkie, jak owinięty wokół ciebie koc. Jedyną ulgę przynosi woda. Jest chłodna i orzeźwiająca, jak zimny napój w upalny dzień. Biorę głęboki oddech i zanurzam się w wodzie. Ulga jest natychmiastowa, bo otacza mnie chłodna woda. Płynę do dna, a potem wypływam na powierzchnię, czując, jak woda chłodzi moje ciało. Kontynuuję **pływanie**, ciesząc się chwilą wytchnienia od upału. Po pewnym czasie wychodzę z wody i kładę się na trawie, pozwalając, aby słońce osuszyło moje ciało. Zamykam oczy i odpływam w

Camping au lac

Je me dirige vers le lac, **admirant** la tranquillité de la scène. Le soleil tape sur le petit lac, faisant ressembler l'eau à une feuille de verre. Le seul mouvement est l'ondulation occasionnelle d'un poisson **brisant la** surface. Même les oiseaux semblent prendre une pause de la chaleur, avec seulement le son des cigales remplissant l'air. **Soudain**, la paix est rompue par un grand plouf. Un gros **poisson** a sauté hors de l'eau, essayant d'attraper une libellule. Le poisson rate sa cible et retombe dans l'eau avec un plouf. "Wow," je me dis, "c'était un gros poisson !". J'ai regardé autour de moi pour voir si quelqu'un d'autre l'avait vu, mais il n'y avait personne. Je suppose que je devrai leur dire quand je rentrerai au camp.

La chaleur est **oppressante**, il est difficile de respirer. L'air est épais et lourd, comme une couverture qui vous enveloppe. Le seul soulagement est dans l'eau. Elle est fraîche et rafraîchissante, comme une boisson fraîche par une journée chaude. Je prends une profonde inspiration et je plonge dans l'eau. Le soulagement est immédiat car l'eau fraîche m'entoure. Je nage jusqu'au fond, puis remonte à la surface, sentant l'eau refroidir mon corps. Je continue à **faire** des longueurs, appréciant le répit de la chaleur. Après un moment,

sen, a dźwięk **cykad wprowadza** mnie w głęboki sen. Pozwalam słońcu wypalić wodę z mojej skóry. Czuję, że moja skóra robi się czerwona, ale nie dbam o to. Jest mi zbyt gorąco, by się tym przejmować. Następną rzeczą, jaką pamiętam, jest zachodzące słońce. Niebo ma piękny pomarańczowy kolor ze smugami różu i fioletu. Upał zniknął, zastąpiony przez chłodną **bryzę**.

Wstaję i zakładam ubranie, czuję się odświeżona i odmłodzona. Biorę głęboki **wdech** chłodnego powietrza i uśmiecham się. Dobrze jest być żywym. Wracam do obozowiska, podziwiając, jak kolory tańczą na niebie. W oddali widzę płonące ognisko, a w powietrzu czuję zapach dymu. Uśmiecham się i **przyspieszam** kroku. Jestem gotowa, by się zrelaksować i cieszyć się resztą wieczoru. Wchodzę na kemping i widzę, że wszyscy zgromadzili się wokół ogniska. **Śmieją** się i żartują, a w ich oczach odbija się ogień. Uśmiecham się i siadam obok moich przyjaciół. Dobrze jest być z powrotem. Następnego ranka budzę się wcześnie i zaczynam pakować swoje rzeczy. Nie mogę się doczekać powrotu na szlak i kontynuowania podróży. Żegnam się z przyjaciółmi i ruszam w drogę. Idąc, po raz ostatni spoglądam na **kemping**. W oddali widzę wciąż płonące ognisko, a w powietrzu czuć zapach dymu. Uśmiecham się i przyspieszam kroku. Jestem gotowy do dalszej **wędrówki**.

je sors de l'eau et je m'allonge sur l'herbe, laissant le soleil sécher mon corps. Je ferme les yeux et m'endors, le son des **cigales** me berce dans un profond sommeil. Je laisse le soleil faire sortir l'eau de ma peau. Je sens que ma peau devient rouge, mais je m'en moque. J'ai trop chaud pour m'en soucier. La prochaine chose que je sais, c'est que le soleil se couche. Le ciel est d'un bel orange, avec des traces de rose et de violet. La chaleur a disparu, remplacée par une **brise** fraîche.

Je me lève et me rhabille, me sentant rafraîchie et rajeunie. Je **respire** profondément l'air frais et je souris. C'est bon d'être en vie. Je retourne au camping, en admirant la façon dont les couleurs dansent dans le ciel. Je peux voir le feu de camp qui brûle au loin et je peux sentir la fumée dans l'air. Je souris et j'**accélère le** pas. Je suis prête à me détendre et à profiter du reste de ma soirée. J'entre dans le camping et je vois que tout le monde est rassemblé autour du feu. Ils **rient** et plaisantent, et je peux voir le feu se refléter dans leurs yeux. Je souris et m'assieds à côté de mes amis. C'est bon d'être de retour. Le lendemain matin, je me réveille tôt et je commence à préparer mes affaires. J'ai hâte de retourner sur le sentier et de poursuivre mon voyage. Je dis au revoir à mes amis et commence à m'éloigner. En marchant, je jette un dernier regard sur le **camping**. Je peux voir le feu qui brûle toujours au loin et je peux sentir la fumée dans l'air. Je souris et j'accélère le pas. Je suis prêt à poursuivre mon **voyage**.

Pytania dotyczące rozumienia tekstu

1. Dokąd zmierza piechur?

2. Jaka jest pogoda?

3. Jak wygląda woda?

4. Jak piechur reaguje na ciepło?

5. Co robi ryba?

6. Dlaczego spacerowicz jest sam?

7. Jakie wrażenie robi woda?

8. Jak się czuje piechur po pływaniu?

9. O jakiej porze dnia budzi się piechur?

10. Dokąd idzie wędrowiec, gdy opuszcza obóz?

Questions de compréhension

1. Où va le marcheur ?

2. Quel temps fait-il ?

3. À quoi ressemble l'eau ?

4. Comment le marcheur réagit-il à la chaleur ?

5. Que fait le poisson ?

6. Pourquoi le marcheur est-il seul ?

7. Quelle est la sensation de l'eau ?

8. Comment le marcheur se sent-il après avoir nagé ?

9. A quelle heure de la journée le déambulateur se réveille-t-il ?

10. Où va le marcheur quand il quitte le camp ?

Dom

W zeszłym tygodniu wprowadziłam się do nowego domu i jestem taka **podekscytowana**! Jest o wiele większy niż mój stary i ma duże podwórko. Nie mogę się doczekać, kiedy będę mogła zapraszać przyjaciół na grilla i imprezy. Moją **ulubioną** częścią jest moja nowa sypialnia. Jest taka duża i jasna, a ja mam w niej dużo miejsca na swoje rzeczy. Jestem bardzo zadowolona z mojego nowego domu i myślę, że będę tu bardzo szczęśliwa. Postanowiłem jeszcze trochę pozwiedzać dom. Weszłam na drugie piętro i zaczęłam iść do kuchni, kiedy zobaczyłam wielkiego czarnego pająka na ścianie! Krzyknęłam i zbiegłam na dół. Tak bardzo się **bałam**! Ale po kilku minutach uspokoiłem się i postanowiłem wrócić na górę. Powoli dotarłem do kuchni i zobaczyłem, że pająka już nie ma. Bardzo mi ulżyło! Wróciłem na dół i postanowiłem wyjść na zewnątrz, aby zbadać **podwórko**. Był taki duży! Nie mogłem w to uwierzyć. W rogu widziałem huśtawkę i zjeżdżalnię. Zobaczyłem też siatkę do koszykówki i **trampolinę**. Byłem taki podekscytowany!

Nie mogę się doczekać, kiedy użyję tych wszystkich nowych rzeczy. **Sąsiedzi** przyszli i przedstawili się. Wydawali się bardzo mili i przez chwilę rozmawialiśmy. Zaprosili mnie na grilla w następny weekend, a ja powiedziałam, że z przyjemnością przyjdę.

La Maison

J'ai emménagé dans ma nouvelle maison la semaine dernière, et je suis si **excitée** ! Elle est tellement plus grande que l'ancienne, et elle a un grand jardin. J'ai hâte d'inviter des amis pour des barbecues et des fêtes. Ce que je **préfère,** c'est ma nouvelle chambre. Elle est si grande et lumineuse, et j'ai beaucoup d'espace pour mettre toutes mes affaires. Je suis très contente de ma nouvelle maison et je pense que je serai très heureuse ici. J'ai décidé d'explorer un peu plus la maison. Je suis monté au deuxième étage et j'ai commencé à me diriger vers la cuisine quand j'ai vu une grosse araignée noire sur le mur ! J'ai crié et j'ai couru en bas. J'avais tellement **peur** ! Mais après quelques minutes, je me suis calmée et j'ai décidé de retourner à l'étage. J'ai lentement fait mon chemin vers la cuisine et j'ai vu que l'araignée était partie. J'étais tellement soulagée ! Je suis redescendu et j'ai décidé de sortir pour explorer le **jardin**. Elle était si grosse ! Je n'arrivais pas à y croire. J'ai vu une balançoire dans le coin et un toboggan. J'ai aussi vu un filet de basket et un **trampoline**. J'étais tellement excitée!

J'ai hâte d'utiliser tous ces nouveaux trucs. Les **voisins** sont venus et se sont présentés. Ils avaient l'air très gentils, et nous avons parlé un moment. Ils m'ont invité à leur barbecue le week-end prochain, et j'ai dit que j'aimerais beaucoup venir. J'ai passé une excellente

Pierwszy tydzień w nowym domu był wspaniały i jestem podekscytowana nowymi przygodami, które mnie czekają. Dziś znów zamierzam poszperać na podwórku i zobaczyć, co jeszcze uda mi się znaleźć. Kto wie, może nawet znajdę jakiś **skarb**. Nie mogę się doczekać, co przyniesie następny tydzień! W następnym tygodniu znów poszedłem na podwórko i znalazłem **tajemniczy** ogród. Był taki piękny! Wszędzie były kwiaty i mały staw z rybkami. Zobaczyłam też huśtawkę, której wcześniej nie widziałam. Byłem bardzo podekscytowany, że znalazłem ten tajemniczy ogród i nie mogę się doczekać, aby go jeszcze odkryć. To było takie **piękne**!

Wszędzie były kwiaty i mały staw z rybkami. Zobaczyłam też **huśtawkę,** której wcześniej nie widziałam. Byłem bardzo podekscytowany, że znalazłem ten tajemniczy ogród i nie mogę się doczekać, aby go jeszcze odkryć. Bardzo podobał mi się mój nowy pokój. Był taki duży i jasny, a na ścianach wisiały już plakaty moich ulubionych zespołów. Nie musiałam nawet przynosić żadnych **mebli**, ponieważ było tam już łóżko, komoda i biurko. To będzie najlepszy rok w moim życiu! Trochę się denerwowałam, że zaczynam naukę w nowej **szkole,** ale wszyscy moi nowi sąsiedzi są bardzo przyjaźni. Poznałam nawet dziewczynę, która mieszka obok, i powiedziała, że pierwszego dnia pójdzie ze mną do szkoły na piechotę.

première semaine dans ma nouvelle maison et j'ai hâte de vivre toutes les nouvelles aventures qui m'attendent. Aujourd'hui, je vais encore aller explorer le jardin et voir ce que je peux trouver d'autre. Qui sait, peut-être vais-je même trouver un **trésor**. J'ai hâte de voir ce que la semaine prochaine nous réserve ! La semaine suivante, je suis retourné explorer le jardin et j'ai trouvé un jardin **secret**. C'était tellement beau ! Il y avait des fleurs partout et un petit étang avec des poissons dedans. J'ai aussi vu une balançoire que je n'avais jamais vue auparavant. J'étais si excitée de trouver ce jardin secret, et j'ai hâte de l'explorer davantage. C'était tellement **beau** !

Il y avait des fleurs partout et un petit étang avec des poissons dedans. J'ai aussi vu une **balançoire** que je n'avais jamais vue auparavant. J'étais si excitée de trouver ce jardin secret, et j'ai hâte de l'explorer davantage. J'ai aussi adoré ma nouvelle chambre. Elle était si grande et lumineuse, et il y avait déjà des posters de mes groupes préférés sur les murs. Je n'ai même pas eu besoin d'apporter mes propres **meubles** car il y avait déjà un lit, une commode et un bureau. Ça va être la meilleure année de ma vie ! J'étais un peu nerveux à l'idée de commencer dans une nouvelle **école**, mais tous mes nouveaux voisins ont été si gentils. J'ai même rencontré une fille qui habite à côté et elle m'a dit qu'elle m'accompagnerait à l'école le premier jour.

Pytania dotyczące rozumienia tekstu

1. Gdzie mieszka dana osoba?

2. Jak osobie podoba się w nowym domu?

3. Jaka jest ulubiona część nowego domu?

4. Co osoba znalazła w ogrodzie?

5. Kim są sąsiedzi?

6. Jak wyglądały pierwsze dni osoby w nowym domu?

7. Jaka jest ulubiona część nowego pokoju?

8. Co dana osoba planuje robić jutro?

9. Co było najlepsze w pierwszym tygodniu pobytu w nowym domu?

10. Co znajduje się w nowym pokoju tej osoby?

Questions de compréhension

1. Où vit la personne ?

2. Comment la personne se sent-elle dans sa nouvelle maison ?

3. Quelle est la partie de la nouvelle maison que la personne préfère ?

4. Qu'est-ce que la personne a trouvé dans le jardin ?

5. Qui sont les voisins ?

6. Comment se sont passés les premiers jours de la personne dans sa nouvelle maison ?

7. Quelle est la partie de la nouvelle pièce que la personne préfère ?

8. Qu'est-ce que la personne prévoit de faire demain ?

9. Quelle a été la meilleure partie de la première semaine de la personne dans sa nouvelle maison ?

10. Qu'y a-t-il dans la nouvelle chambre de la personne ?

W pociągu

Pobiegłem na dworzec kolejowy, ale było za
późno. Pociąg odjechał już beze mnie. Byłam **zła** i
rozczarowana sobą. Planowałam pojechać pociągiem,
aby odwiedzić dziadków, którzy mieszkają na wsi,
ale teraz musiałam czekać całą godzinę na następny
pociąg. Zamiast tego postanowiłem przejść się trochę
po mieście i spróbować zapomnieć o straconej szansie.
Podczas spaceru zacząłem **marzyć** o wszystkich
miejscach, do których mogą zabrać nas **pociągi**. Nagle
przestałem się tak bardzo denerwować. Wracam na
stację i nie mogę nie zauważyć dużej czerwono-biało-
niebieskiej lokomotywy, która zmierza w moją stronę.
Dopiero gdy widzę **konduktora** machającego do mnie z
okna, uświadamiam sobie, że ten pociąg jest dla mnie.
Wsiadam do pociągu, zajmuję miejsce i czekam na to,
co zapowiada się na długą podróż.

Kiedy wyjeżdżamy ze stacji, nie mogę przestać się
zastanawiać, dokąd zabierze mnie ten pociąg. Przez
zielone **pola** i błękitne rzeki, przez góry i doliny - nie
wiadomo, dokąd pojedzie ten stary pociąg. Gdy
zaczyna zapadać noc, zapadam w **spokojny** sen,
kołysany **rytmicznym** ruchem wagonów na torach
poniżej. Kiedy nadchodzi ranek, otwieram oczy i
widzę, że dotarliśmy do małego miasteczka, gdzieś

Dans le train

J'ai couru jusqu'à la gare, mais c'était trop tard. Le train était déjà parti sans moi. Je me suis sentie tellement **en colère** et **déçue** de moi-même. J'avais prévu de prendre le train pour rendre visite à mes grands-parents qui vivent à la campagne, mais maintenant je devais attendre le prochain train pendant une heure entière. J'ai décidé de me promener un peu dans la ville à la place et j'ai essayé d'oublier cette occasion manquée. En marchant, j'ai commencé à **rêver à** tous les endroits où le **train** peut vous emmener. Soudain, je n'étais plus aussi contrariée. Je suis retourné dans la gare et je n'ai pu m'empêcher de remarquer la grande locomotive rouge, blanche et bleue qui se dirigeait vers moi. Ce n'est que lorsque je vois le **conducteur** me faire signe par la fenêtre que je réalise que ce train est pour moi. Je monte dans le train et trouve mon siège, m'installant pour ce qui promet d'être un long voyage.

Alors que nous sortons de la gare, je ne peux m'empêcher de me demander où ce train va m'emmener. À travers des **champs** verts et des rivières bleues, en passant par des montagnes et des vallées, on ne sait pas où ce vieux train va aller. À la tombée de la nuit, je m'endors **paisiblement**, bercé par le mouvement **rythmique** des wagons sur les rails en contrebas. Quand le matin revient, j'ouvre les yeux

pośrodku niczego. Słońce dopiero przebija się przez horyzont, a mieszkańcy zaczynają się zbierać na głównej ulicy; wygląda to jak każdy inny dzień, z wyjątkiem jednej rzeczy - w pobliżu ratusza widnieje duży znak z napisem "Witamy na pokładzie!". Wygląda na to, że to małe miasteczko czekało na nas, mimo że jesteśmy tylko zwykłym pociągiem **pasażerskim** przejeżdżającym w drodze do innego miejsca. Gdy po raz kolejny zostawiamy miasto za sobą, pędząc nie wiadomo dokąd, uśmiecham się do wszystkich przyjaznych twarzy machających na pożegnanie z małych domków położonych wśród **pól - to** naprawdę niesamowite, jak coś tak pozornie zwyczajnego może przynieść tyle radości po prostu przejeżdżając obok. No i oczywiście są jeszcze **dzieci**.

Wychylam się przez okno mojej lokomotywy. Zawsze sprawiają mi radość swoimi błyszczącymi oczami i wielkimi uśmiechami. Pomachałem do nich energicznie, po czym wróciłem do swojej **kabiny i usiadłem**. To był długi dzień, ale jeszcze się nie skończył; do **celu pozostało** jeszcze kilka godzin. Wyciągam książkę i zaczynam czytać, pozwalając, by rytmiczne kołysanie pociągu wprowadziło mnie w spokojny stan. Co jakiś czas spoglądam w górę na mijane na zewnątrz krajobrazy - nigdy się nie znudzą, niezależnie od tego, ile razy je widzę. W końcu zapada noc, a w oddali pojawiają się **migoczące** światła - jesteśmy coraz bliżej.

pour constater que nous sommes arrivés dans une petite ville quelque part au milieu de nulle part. Le soleil pointe à peine à l'horizon et les habitants commencent à s'agiter dans la rue principale ; c'est un jour comme les autres ici, à l'exception d'une chose : il y a un grand panneau près de l'hôtel de ville qui dit "Bienvenue à bord". Il semble que cette petite ville nous attendait, même si nous ne sommes qu'un train de **voyageurs** ordinaire qui passe par là pour aller ailleurs. Alors que nous laissons la ville derrière nous une fois de plus, en direction d'on ne sait où, je souris à tous les visages amicaux qui nous saluent depuis ces petites maisons nichées au milieu des **terres agricoles - c**'est vraiment étonnant de voir comment quelque chose d'apparemment si ordinaire peut apporter tant de joie simplement en passant par là. Et puis, bien sûr, il y a les **enfants**.

Je me penche par la fenêtre de ma locomotive. Ils me rendent toujours si heureux avec leurs yeux brillants et leurs grands sourires. Je leur fais un signe de la main énergique avant de retourner dans ma **cabine** et de m'asseoir. La journée a déjà été longue, mais elle n'est pas encore terminée ; il reste encore quelques heures avant d'atteindre notre **destination** finale. Je sors mon livre et commence à lire, laissant le balancement rythmique du train me bercer dans un état paisible. Ans tant d'aventures, réelles ou **imaginaires**, et je leur en serai toujours reconnaissant.

Pytania dotyczące rozumienia tekstu

1. Dokąd jedzie pociąg?

2. Kto jedzie pociągiem?

3. Kiedy odjeżdża pociąg?

4. W jaki sposób bohater dostaje się do pociągu?

5. Skąd przyjeżdża pociąg?

6. Dokąd jedzie pociąg?

7. Kiedy przyjechali pasażerowie?

8. Co czuje bohater, gdy spóźnia się na pociąg?

9. Jak reaguje maszynista pociągu, gdy widzi bohatera?

10. Dlaczego bohater lubi pociągi?

Questions de compréhension

1. Où va le train ?

2. Qui voyage dans le train ?

3. Quand le train part-il ?

4. Comment le protagoniste monte-t-il dans le train ?

5. D'où vient le train ?

6. Où le train va-t-il ensuite ?

7. Quand les passagers sont-ils arrivés ?

8. Que ressent le protagoniste lorsqu'il rate le train ?

9. Comment le conducteur du train réagit-il lorsqu'il voit le protagoniste ?

10. Pourquoi le protagoniste aime-t-il les trains ?

Gotowanie obiadu

Jest 17:00, a ja wracam z pracy. Nie mogę **się** doczekać spokojnego wieczoru w domu z moim partnerem. Ugotujemy razem kolację, a potem przez resztę wieczoru będziemy się relaksować. Dobrze jest wiedzieć, że tego **wieczoru** nie mam żadnych planów ani obowiązków. Przyjeżdżam do domu, a mój partner jest już w kuchni i zaczyna przygotowywać kolację. Pachnie tu **niesamowicie**! Podczas gotowania rozmawiamy, opowiadając sobie nawzajem o tym, jak minął nam dzień i dzieląc się drobnymi historiami z naszego życia zawodowego. Kuchnia jest moim ulubionym pomieszczeniem w naszym mieszkaniu. Uwielbiam gotować, a szczególnie uwielbiam gotować z moim partnerem. Zawsze dobrze się tu bawimy, śmiejąc się i żartując podczas gotowania. Poza tym, gdy pracujemy **razem,** jedzenie jest zawsze **niesamowite**.

Dziś wieczorem przygotowujemy jeden z moich ulubionych przepisów: parmezan z **kurczaka.** Mój partner zaczyna od panierowania kurczaka, podczas gdy ja przygotowuję sos na **kuchence**. Pracujemy razem jak dobrze naoliwiona maszyna i wkrótce obiad jest gotowy do podania. Siadamy przy naszym małym kuchennym stole z **talerzami wypełnionymi** kurczakiem po parmezańsku, makaronem i sałatką.

Cuisiner le dîner

Il est 17 heures et je rentre à pied du travail. J'ai **hâte** de passer une soirée tranquille à la maison avec mon partenaire. Nous allons préparer le dîner ensemble et nous détendre pour le reste de la nuit. C'est agréable de savoir que je n'ai aucun projet ni aucune obligation ce **soir**. J'arrive à la maison et mon partenaire est déjà dans la cuisine, en train de préparer notre dîner. Ça sent **très bon** ici ! Nous bavardons tout en cuisinant, prenant des nouvelles de nos journées respectives et partageant des petites histoires de nos vies professionnelles. La cuisine est ma pièce préférée dans notre appartement. J'adore cuisiner, et j'aime particulièrement cuisiner avec mon partenaire. Nous passons toujours un bon moment ici, à rire et à plaisanter pendant que nous cuisinons. De plus, la nourriture est toujours **incroyable** lorsque nous travaillons **ensemble**.

Ce soir, nous faisons l'une de mes recettes préférées : le **poulet au** parmesan. Mon partenaire commence par paner le poulet pendant que je fais mijoter la sauce sur la **cuisinière**. Nous travaillons ensemble comme une machine bien huilée, et en peu de temps, le dîner est prêt à être servi. Nous nous asseyons à notre petite table de cuisine avec des **assiettes** remplies de poulet

Stukamy się kieliszkami i bierzemy pierwszy kęs - jest **niebiański**! Kurczak jest chrupiący na zewnątrz, ale soczysty w środku; sos jest aromatyczny i doskonały; makaron ugotowany al dente... wszystko smakuje dziś absolutnie idealnie. Oboje wiemy, że to był jeden z tych wieczorów, kiedy wszystko doskonale się połączyło, a my **delektujemy się** każdym kęsem naszego pysznego posiłku. Smakowało nawet lepiej niż pachniało - co było cholernie dobre! Kończymy posiłek stosunkowo szybko, bo żadne z nas nie jest dziś szczególnie głodne, ale nie spieszymy się, wypijając jeszcze kilka **kieliszków** wina i rozmawiając lekko na ten czy inny temat. Po kolacji szybko sprzątamy, a potem przenosimy się do salonu, gdzie spędzamy trochę czasu, **przytulając się do siebie** na kanapie i oglądając telewizję.

To takie miłe uczucie być blisko siebie po długim dniu **pracy**. Czuję się zadowolona. Mimo że wieczór nie był pełen wrażeń, miło było spędzić trochę czasu razem, nie wychodząc z domu. Obejrzeliśmy film i wcześnie poszliśmy do łóżka, czując się **usatysfakcjonowani** naszym prostym wieczorem. Stało się to jedną z naszych **ulubionych** rzeczy, które robimy w wieczory, gdy nie mamy ochoty wychodzić z domu - po prostu relaksujemy się w domu i cieszymy się swoim towarzystwem przy domowym posiłku.

au parmesan, de pâtes et de salade. Nous faisons tinter les verres et prenons notre première bouchée - et c'est **divin** ! Le poulet est croustillant à l'extérieur mais juteux à l'intérieur ; la sauce est savoureuse et parfaite ; les pâtes sont cuites al dente... tout a un goût absolument parfait ce soir. Nous savons tous les deux que c'était l'une de ces nuits où tout s'est parfaitement réuni alors que nous **savourons** chaque bouchée de notre délicieux repas. Le goût était encore meilleur que l'odeur, qui était sacrément bonne ! Nous terminons notre repas assez rapidement car aucun de nous n'a particulièrement faim aujourd'hui, mais nous prenons notre temps en dégustant quelques **verres** de vin supplémentaires tout en discutant légèrement de tel ou tel sujet. Après le dîner, nous nettoyons rapidement ensemble et passons au salon, où nous passons un moment à **nous câliner** sur le canapé en regardant la télévision.

C'est tellement agréable d'être près l'un de l'autre après une longue journée de **travail** séparé. Je me sens satisfaite. Même si la soirée n'a pas été très animée, c'était agréable de passer du temps ensemble sans avoir à quitter la maison. Nous avons regardé un film et nous nous sommes couchés tôt, **satisfaits** de notre simple soirée. C'est devenu l'une de nos activités **préférées** les soirs où nous n'avons pas envie de sortir - se détendre à la maison et profiter de la compagnie de l'autre autour d'un repas fait maison.

Pytania dotyczące rozumienia tekstu

1. Skąd pochodzi narrator?

2. Co robi narrator po pracy?

3. Co narrator je na kolację?

4. Dlaczego narrator lubi kuchnię?

5. Jakie danie gotuje para?

6. Jak się czuje narrator pod koniec wieczoru?

7. Jakie jest ulubione zajęcie pary?

8. Co robi para, gdy jest zmęczona?

9. Gdzie śpią?

10. Dlaczego narrator lubi przebywać w domu?

Questions de compréhension

1. D'où vient le narrateur ?

2. Que fait le narrateur après le travail ?

3. Que mange le narrateur pour le dîner ?

4. Pourquoi le narrateur aime-t-il la cuisine ?

5. Quel genre de plat le couple cuisine-t-il ?

6. Que ressent le narrateur à la fin de la soirée ?

7. Quelle est l'activité préférée du couple ?

8. Que fait le couple quand il est fatigué ?

9. Où dorment-ils ?

10. Pourquoi le narrateur aime-t-il rester à la maison ?

Spacer do domu

Była to **spokojna** noc, gdy wracałem z pracy do domu. Idąc, nie mogłem powstrzymać się od uśmiechu na wspomnienie. Dobrze było być znowu w mojej starej dzielnicy. Pomachałem do kilku znajomych osób, a oni odwzajemnili moje pozdrowienia. Dobrze było być w domu. Przechodząc obok mojej starej szkoły, **przypomniałem sobie** wszystkie miłe chwile spędzone z przyjaciółmi. Zawsze wracaliśmy do domu razem i rozmawialiśmy o naszym dniu. **Czasami** zatrzymywaliśmy się, żeby kupić lody lub pójść do parku. To były najlepsze czasy. Brakuje mi tych chwil. Ale teraz mam własną rodzinę i jestem zadowolona z życia. Cieszę się, że mogę spojrzeć wstecz na te wspomnienia i uśmiechnąć się. Są one częścią mojego życia, którą zawsze będę cenił. To były najlepsze czasy. Tęsknię za tymi czasami. Ale teraz mam własną rodzinę i jestem zadowolony z życia. Cieszę się, że mogę spojrzeć wstecz na te **wspomnienia** i uśmiechnąć się. Są one częścią mojego życia, którą zawsze będę cenić.

Idę dalej, myśląc o dobrych chwilach spędzonych z moimi przyjaciółmi. Wiem, że wkrótce znów się z nimi spotkam. Kieruję się w stronę domu i postanawiam przejść się po pobliskim parku. Słońce już zachodzi, a niebo przybiera **piękny** pomarańczowy kolor. Park

Walking Home

C'était une nuit **paisible** alors que je rentrais du travail. En marchant, je ne pouvais m'empêcher de sourire aux souvenirs. C'était bon d'être de retour dans mon ancien quartier. J'ai salué quelques personnes que je connaissais, et elles m'ont salué en retour. C'était bon d'être chez soi. Je suis passé devant mon ancienne école et je **me suis souvenu de** tous les bons moments que j'ai passés avec mes amis. On rentrait toujours ensemble à la maison et on parlait de notre journée. **Parfois,** on s'arrêtait pour acheter une glace ou aller au parc. C'était les meilleurs moments. Ces moments me manquent. Mais maintenant, j'ai ma propre famille et je suis heureuse de ma vie. Je suis heureux de pouvoir repenser à ces souvenirs et de sourire. Ils font partie de ma vie et je les chérirai toujours. C'était les meilleurs moments. Ils me manquent. Mais maintenant, j'ai ma propre famille et je suis heureux de ma vie. Je suis heureux de pouvoir repenser à ces **souvenirs** et de sourire. Ils font partie de ma vie et je les chérirai toujours.

Je continue à marcher, en pensant aux bons moments que j'ai passés avec mes amis. Je sais que je les reverrai bientôt. Je me dirige vers ma maison et décide de me promener dans un parc à proximité. Le soleil se

jest pusty, poza kilkoma ptakami ćwierkającymi
na drzewach. Biorę głęboki **oddech** i uśmiecham
się. Kiedy spaceruję po parku, widzę, jak po niebie
przemyka spadająca gwiazda. Wypowiedziałem
życzenie do tej gwiazdy i poszedłem dalej. Myślę
o moim dniu w pracy i o tym, jak było **spokojnie**.
Uśmiecham się do siebie, myśląc o tym, jakie mam
szczęście, że mam tak wspaniałą pracę. Wracam do
domu, **czując** na skórze chłodne, nocne powietrze.
Czuję się taka żywa i szczęśliwa, ciesząc się prostą
czynnością, jaką jest powrót do domu w spokojną noc.
Czułem się tak dobrze, że zacząłem **gwizdać**.
Przeszedłem obok kilku osób na ulicy, ale wszyscy byli
zajęci swoimi sprawami.

Skręciłem za róg mojej ulicy i zobaczyłem kota mojego
sąsiada, pana Whiskersa, siedzącego na moim ganku.
Przywitałem się z nim, a on odpowiedział miauknięciem.
Odblokowałem drzwi i wszedłem do środka. Tak
się cieszyłem, że jestem w domu. Zdjąłem buty i
przygotowałem się do spania. Tej nocy położyłem się do
łóżka szczęśliwy i wdzięczny, a moje serce było pełne
miłości. Spałem spokojnie przez całą noc, nie martwiąc
się o nic. Obudziłem się ze spokojnego snu i **powitało
mnie** słońce wpadające przez okno. Wstałem z łóżka,
przeciągnąłem się, wziąłem głęboki oddech i poczułem,
jak chłodne powietrze wypełnia moje płuca.

couche et le ciel prend une **belle** couleur orange. Le parc est vide, à l'exception de quelques oiseaux qui gazouillent dans les arbres. Je prends une profonde **inspiration** et je souris. Alors que je marche dans le parc, je vois une étoile filante traverser le ciel. J'ai fait un vœu sur cette étoile et j'ai continué à marcher. Je pense à ma journée de travail et au **calme qui** y régnait. Je souris à moi-même, en pensant à la chance que j'ai d'avoir un si bon travail. Je rentre chez moi, en **sentant l'**air frais de la nuit sur ma peau. Je me sens si vivante et heureuse, profitant du simple fait de rentrer chez moi par une nuit paisible. Je me sentais si bien que j'ai commencé à **siffler**. Je suis passé devant quelques personnes dans la rue, mais elles s'occupaient toutes de leurs affaires.

J'ai tourné le coin de ma rue et j'ai vu le chat de mon voisin, M. Whiskers, assis sur mon porche. Je lui ai dit bonjour et il miaulait en retour. J'ai **déverrouillé** ma porte et je suis entrée. J'étais si heureuse d'être chez moi. J'ai enlevé mes chaussures et me suis préparée pour aller me coucher. Je me suis couchée ce soir-là, heureuse et reconnaissante, le cœur plein d'amour. J'ai dormi profondément toute la nuit, sans me soucier de rien. Je me suis réveillée d'un sommeil réparateur et j'ai été **accueillie** par le soleil qui brillait à travers ma fenêtre. Je suis sorti du lit et me suis étiré, prenant une profonde inspiration et sentant l'air frais remplir mes poumons.

Pytania dotyczące rozumienia tekstu

1. Co robił bohater, gdy opowiadanie się zaczynało?

2. O czym myślał bohater, idąc do domu?

3. Co bohater robił po szkole z przyjaciółmi?

4. Za czym bohater tęskni w tamtych czasach?

5. Co bohater myśli o swoim obecnym życiu?

6. Co robi bohater, gdy widzi spadającą gwiazdę?

7. Co czuje bohater, gdy idzie do domu?

8. Co robi bohater po powrocie do domu?

9. Jak się czuje bohater, gdy budzi się następnego ranka?

10. Co bohater robi następnego dnia?

Questions de compréhension

1. Que faisait le protagoniste au début de l'histoire ?

2. À quoi le protagoniste a-t-il pensé en rentrant chez lui ?

3. Qu'est-ce que le protagoniste avait l'habitude de faire avec ses amis après l'école ?

4. Qu'est-ce que le protagoniste regrette de cette époque ?

5. Que pense le protagoniste de sa vie actuelle ?

6. Que fait le protagoniste lorsqu'il voit une étoile filante ?

7. Que ressent le protagoniste lorsqu'il rentre à pied chez lui ?

8. Que fait le protagoniste lorsqu'il rentre chez lui ?

9. Que ressent le protagoniste lorsqu'il se réveille le lendemain matin ?

10. Que fait le protagoniste le lendemain ?

Zamek

Rodzina zawsze chciała zwiedzić stary zamek w
Niemczech i w końcu się na to zdecydowała. Nie
byli **rozczarowani**. Zamek był piękny, a zwiedzanie
jego wielu pomieszczeń i korytarzy sprawiło im
wiele radości. Pierwszą rzeczą, która rzuciła im się
w oczy, był zapach. Znaleźli tam **pleśń**, wilgoć i coś
jeszcze, czego nie potrafili określić. Drugą rzeczą był
dźwięk. Kamienne ściany są grube, ale nie tłumią
całkowicie dźwięków. Słyszeli każdy krok, każde
słowo wypowiedziane normalnym głosem, a czasem
także kapanie wody **gdzieś** w oddali. Gdy ich oczy
przyzwyczaiły się do słabego światła, zobaczyli potężne
kamienne ściany, z których zwisały **potargane** gobeliny.
Znajdowali się w ogromnej sali z wysokim sufitem
wspartym na rzeźbionych filarach. Podobały im się
też widoki z wieżyczek, a dzieci świetnie się bawiły,
biegając po terenie. Gdy skończyli zwiedzać zamek,
słońce zaczęło już zachodzić i żałowali, że nie wzięli ze
sobą **latarki**. Postanowili wrócić do wejścia, ale szybko
się zgubili. Błąkali się godzinami, aż w końcu natrafili
na drzwi, które prowadziły na zewnątrz. Szli dalej, aż
doszli **do** końca korytarza i stanęli przed imponującym
zestawem podwójnych drzwi. Próbowali jak mogli, ale
drzwi nie chciały się ruszyć. Grzechotały **złowieszczo,**
ale nie poruszyły się ani o cal. Wyglądało na to, że

Le château

La famille avait toujours voulu visiter un vieux château en **Allemagne**, et elle a finalement fait le voyage. Ils n'ont pas été **déçus**. Le château était magnifique, et ils ont pris plaisir à explorer ses nombreuses pièces et couloirs. La première chose qui les frappe est l'odeur. Ils ont trouvé de la **moisissure**, de l'humidité et quelque chose d'autre qu'ils n'ont pas réussi à identifier. La deuxième chose a été le son. Les murs de pierre sont épais, mais ils n'étouffent pas complètement le son. Ils ont entendu chaque pas, chaque mot prononcé d'une voix normale, et le goutte-à-goutte occasionnel de l'eau **quelque part** au loin. Lorsque leurs yeux se sont adaptés à la faible lumière, ils ont vu des murs de pierre massifs se dresser tout autour d'eux, des tapisseries en **lambeaux y étant** suspendues. Ils se tenaient dans un immense hall avec un haut plafond soutenu par des piliers sculptés. Ils ont également aimé les vues depuis les tourelles, et les enfants ont eu beaucoup de plaisir à courir dans le parc. Le **soleil** avait commencé à se coucher lorsqu'ils ont fini d'explorer le château, et ils ont regretté de ne pas avoir apporté de **lampe de poche**. Ils ont décidé de retourner à l'entrée, mais ils se sont vite perdus. Ils errent pendant des heures, jusqu'à ce qu'ils trouvent enfin une porte qui mène à l'extérieur. Ils ont continué jusqu'à ce qu'ils **atteignent le** bout du

ktokolwiek tu wcześniej był, musiał tędy przejść i zamknąć je od środka. W końcu udało im się znaleźć wyjście. Gdy wyszli na chłodne, nocne powietrze, poczuli ulgę.

Słońce zaczęło zachodzić i **żałowali,** że nie wzięli ze sobą latarki. Postanowili wrócić do wejścia, ale szybko się zgubili. Błąkali się godzinami, aż w końcu natrafili na drzwi, które prowadziły na **zewnątrz**. Gdy wyszli na chłodne, nocne powietrze, poczuli ulgę. Następnego wieczoru postanowili zabrać ze sobą latarkę, aby zwiedzić resztę zamku. Przeszli przez **dziedziniec** i zeszli do rzeki, która płynęła za murami **zamku.** Gdy chodzili po okolicy, zaczęli słyszeć dziwne odgłosy. Wyglądało na to, że ktoś ich śledzi. Przyspieszyli kroku, ale odgłosy były coraz głośniejsze i bliższe. Rodzina wróciła do zamku tak szybko, jak tylko mogła, i z ulgą zauważyła, że postać w **ciemnej** pelerynie nie podążyła za nimi.

couloir et arrivent à une imposante série de doubles
portes. Ils ont beau essayer, les portes ne bougent pas.
Elles cliquettent **sinistrement** mais ne bougent pas
d'un pouce. On dirait que celui qui était ici avant a dû
passer par là et les verrouiller de l'intérieur. Finalement,
ils ont trouvé un moyen de sortir. Le soulagement les
envahit alors qu'ils sortent dans l'air frais de la nuit.

Le soleil avait commencé à se coucher, et ils
regrettaient de ne pas avoir apporté de lampe de
poche. Ils ont décidé de retourner à l'entrée, mais ils
se sont vite perdus. Ils ont erré pendant ce qui leur a
semblé être des heures, jusqu'à ce qu'ils trouvent enfin
une porte qui menait à **l'extérieur**. Le soulagement
les a envahis alors qu'ils sortaient dans l'air frais de la
nuit. Le lendemain soir, ils ont pris soin d'emporter une
lampe de poche pour explorer le reste du château. Ils
ont traversé la **cour** et sont descendus jusqu'à la rivière
qui coulait derrière les murs du **château**. Alors qu'ils se
promenaient, ils ont commencé à entendre des bruits
étranges. On aurait dit que quelqu'un les suivait. Ils
accélèrent le pas, mais les bruits deviennent plus forts
et plus proches. Les membres de la famille courent
vers le château aussi vite qu'ils le peuvent, et ils sont
soulagés de voir que la silhouette au manteau **sombre**
ne les a pas suivis.

Pytania dotyczące rozumienia tekstu

1. Co zrobiła rodzina, gdy zgubiła się w zamku?

2. Jak czuła się rodzina, gdy dowiedziała się, że to tylko miejscowy człowiek?

3. Co takiego zrobił mężczyzna, że został aresztowany?

4. Jaki był wyrok dla tego człowieka?

5. Jaki hałas usłyszała rodzina podczas spaceru?

6. Gdzie znajdowała się postać w ciemnym płaszczu, gdy zobaczyła ją rodzina?

7. Co robiła rodzina po powrocie do swojego pokoju?

8. Kiedy rodzina ponownie wybrała się na zwiedzanie zamku?

9. Co to była za rzecz, której rodzina nie potrafiła wyjaśnić?

10. Co robiła rodzina, zanim ponownie wyruszyła na zwiedzanie zamku?

Questions de compréhension

1. Qu'a fait la famille lorsqu'elle s'est perdue dans le château ?

2. Comment la famille s'est-elle sentie quand elle a découvert que c'était juste un homme du coin ?

3. Qu'a fait l'homme qui a été arrêté ?

4. Quelle a été la sentence pour cet homme ?

5. Quel bruit la famille a-t-elle entendu pendant qu'elle marchait ?

6. Où était le personnage au manteau sombre quand la famille l'a vu ?

7. Qu'a fait la famille en rentrant dans sa chambre ?

8. Quand la famille est-elle repartie explorer le château ?

9. Quelle était la chose sur laquelle la famille n'arrivait pas à mettre le doigt ?

10. Qu'a fait la famille avant de retourner explorer le château ?

Mój ogród

Mój ogród to moje szczęśliwe miejsce. Wychodzę tam każdego dnia, czy pada, czy nie, i spędzam czas, pielęgnując moje rośliny. Mam tam **wszystko** po trochu - **warzywa**, owoce, kwiaty, zioła. Mam nawet kilka kur, które pomagają mi utrzymać szkodniki z daleka. Dzień w ogrodzie zaczynam od zbierania jaj od kur. Następnie sprawdzam, czy moje warzywa mają wystarczająco dużo wody i słońca. Odchwaszczam grządki i usuwam wszelkie insekty, które mogą **zaatakować** rośliny. Kiedy już **wszystko** jest dopilnowane, siadam wygodnie i cieszę się ciszą i spokojem natury.

Zawsze uwielbiałam spędzać czas w moim ogrodzie. Jest coś takiego w byciu otoczonym przez naturę i całe **piękno,** które ma do zaoferowania. Uważam, że jest to bardzo spokojne i uspokajające miejsce. Często spędzam czas w ogrodzie, relaksując się i podziwiając widoki. Lubię też pracować w ogrodzie i uprawiać rośliny. Mam całkiem spory ogród i lubię w nim uprawiać różne rzeczy. Uprawiam kwiaty, **warzywa** i zioła. Mam też kilka drzew owocowych, które rodzą pyszne jabłka, gruszki i śliwki. Oprócz uprawiania rzeczy lubię też spędzać czas na spacerach po ogrodzie, **podziwiając** różne rośliny i zwierzęta, które są jego domem. Przez lata spędziłam wiele godzin, pracując nad tym, aby

Mon jardin

Mon jardin est mon coin de paradis. J'y vais tous les jours, qu'il pleuve ou qu'il vente, et je passe du temps à m'occuper de mes plantes. J'ai un peu de **tout :** **légumes**, fruits, fleurs, herbes. J'ai même quelques poules qui m'aident à tenir les parasites à distance. Je commence mes journées dans le jardin en ramassant les œufs des poules. Puis je vérifie que mes légumes reçoivent suffisamment d'eau et de soleil. Je désherbe les plates-bandes et j'élimine les insectes qui pourraient **attaquer** les plantes. Une fois que **tout est** fait, je m'assois et je profite de la paix et du calme de la nature.

J'ai toujours aimé passer du temps dans mon jardin. Il y a quelque chose dans le fait d'être entouré par la nature et toute la **beauté qu'**elle a à offrir. Je trouve que c'est un endroit très paisible et apaisant. Je passe souvent du temps dans mon jardin à me détendre et à profiter du paysage. J'aime aussi travailler dans mon jardin et faire pousser des choses. J'ai un jardin d'assez bonne taille et j'aime y faire pousser toutes **sortes** de choses. Je fais pousser des fleurs, des **légumes** et des herbes aromatiques. J'ai aussi quelques arbres fruitiers qui produisent de délicieuses pommes, poires et prunes. En plus de faire pousser des choses, j'aime aussi passer du temps à me promener dans mon jardin,

mój **ogród stał** się miejscem nie tylko pięknym, ale i funkcjonalnym. Uwielbiam obserwować ptaki latające wokół i słuchać ich śpiewu. Czasami nawet przynoszę książkę i czytam w ogrodzie, otoczona pięknem, które stworzyłam. **Ogrodnictwo** jest moją pasją i przynosi mi tyle radości. Każdy dzień w moim ogrodzie to dobry dzień.

Jedną z rzeczy, które uwielbiam robić, jest gotowanie, dlatego posiadanie dobrze zaopatrzonego ogrodu ziołowego jest dla mnie bardzo **ważne.** Tymianek, bazylia, oregano, rozmaryn, szałwia i lawenda to tylko niektóre z ziół, które lubię uprawiać w moim ogrodzie, aby móc ich używać podczas przygotowywania posiłków dla siebie lub dla **gości**. Kolejną rzeczą, która jest dla mnie ważna, jeśli chodzi o mój ogród, jest zapewnienie, że jest w nim dużo kolorów. Aby osiągnąć ten cel, uprawiam wiele różnych kwiatów, takich jak **róże**, lilie, stokrotki, tulipany, niecierpki, nagietki itp. Poza dodawaniem kolorów za pomocą kwiatów lubię także urozmaicać ogród, stosując w nim różne **faktury**. Na przykład mogę posadzić paprocie pod strzelistymi słonecznikami lub hosty **obok** kolczastych traw ozdobnych. Niezależnie od tego, co jeszcze dzieje się w moim życiu, praca w ogrodzie zawsze pomaga mi poczuć się bardziej związaną z naturą i w zgodzie z samą sobą.

à **admirer** toutes les plantes et tous les animaux qui y vivent. J'ai passé de nombreuses heures au fil des ans à faire de mon **jardin** un endroit non seulement beau mais aussi fonctionnel. J'aime regarder les oiseaux voltiger et les écouter chanter. Parfois, je sors même un livre et je lis dans le jardin, entourée de toute la beauté que j'ai créée. Le **jardinage** est ma passion et il m'apporte tant de joie. Chaque jour dans mon jardin est un bon jour.

L'une des choses que j'aime faire, c'est cuisiner. Il est donc très **important pour moi d'**avoir un jardin d'herbes aromatiques bien garni. Le thym, le basilic, l'origan, le romarin, la sauge et la lavande sont quelques-unes des herbes que j'aime faire pousser dans mon jardin pour pouvoir les utiliser lorsque je prépare des repas pour moi ou pour mes **invités**. Une autre chose qui est importante pour moi quand il s'agit de mon jardin, c'est de m'assurer qu'il y a beaucoup de couleurs dans tout le jardin. Pour atteindre cet objectif, je cultive une grande variété de fleurs, notamment des **roses**, des lys, des marguerites, des tulipes, des impatiens, des soucis, etc. En plus d'ajouter de la couleur avec les fleurs, j'aime aussi ajouter de l'intérêt en utilisant différentes **textures** dans le jardin. Par exemple, je peux planter des fougères sous des tournesols imposants ou des hostas à **côté de** graminées ornementales hérissées.

Pytania dotyczące rozumienia tekstu

1. Gdzie znajduje się ogród autora?

2. Ile kurczaków ma autor?

3. Co autor robi w ogrodzie każdego dnia?

4. Dlaczego autorowi podoba się ogród?

5. Jakie zioła autor sadzi w ogrodzie?

6. Dlaczego dla autora ważne jest to, że w jego ogrodzie jest wiele kolorów?

7. W jaki sposób autor urozmaica swój ogród?

8. Co czuje autor, kiedy pracuje w swoim ogrodzie?

9. Co sprawia, że autor czuje się spełniony, kiedy jest w swoim ogrodzie?

10. Dlaczego każdy dzień w ogrodzie autora jest dobry?

Questions de compréhension

1. Où se trouve le jardin de l'auteur ?

2. Combien de poulets l'auteur possède-t-il ?

3. Que fait l'auteur dans le jardin tous les jours ?

4. Pourquoi l'auteur aime-t-il le jardin ?

5. Quelles herbes l'auteur plante-t-il dans le jardin ?

6. Pourquoi est-il important pour l'auteur qu'il y ait beaucoup de couleurs dans son jardin ?

7. Comment l'auteur apporte-t-il de la variété à son jardin?

8. Que ressent l'auteur lorsqu'il travaille dans son jardin?

9. Qu'est-ce qui fait que l'auteur se sent connecté quand il est dans son jardin ?

10. Pourquoi chaque jour dans le jardin de l'auteur est-il un bon jour ?

Idę na zakupy

Uwielbiam chodzić na **zakupy do** centrum handlowego. Chodzenie po nim i oglądanie różnych sklepów zawsze sprawia mi wiele radości. W centrum handlowym każdy znajdzie coś dla siebie i zawsze jest to świetne miejsce, aby znaleźć okazje na ubrania, buty i akcesoria. **Zwykle** zaczynam swoją wyprawę na zakupy od przejścia przez główne **wejście do centrum handlowego**. Stamtąd kieruję się najpierw do moich ulubionych sklepów. Po przejrzeniu tych sklepów, chodzę dookoła i sprawdzam, czy w innych miejscach nie trwają jakieś wyprzedaże. Zwykle spędzam w centrum handlowym kilka godzin, zanim w końcu dokonam zakupów. Zawsze lubię nie spieszyć się z zakupami, **ponieważ** chcę mieć pewność, że dostaję **dokładnie to,** czego chcę. Poza tym w ten sposób jest po prostu przyjemniej!

Zawsze **fascynuje** mnie obserwowanie ludzi w centrum handlowym. Po sposobie robienia zakupów można naprawdę wiele powiedzieć o danej osobie. Niektórzy ludzie są bardzo metodyczni i nie spieszą się, podczas gdy inni po prostu chwytają **wszystko, co się da,** i jak najszybciej kierują się do kasy. Są też tacy kupujący, którzy wydają się bardziej zainteresowani rozmową przez telefon komórkowy lub pisaniem SMS-ów niż oglądaniem towarów! Jednak bez względu na to, jakim

Faire du shopping

J'adore aller **faire du shopping** au centre commercial.
C'est toujours très amusant de se promener et de
regarder tous les différents magasins. Il y en a pour
tous les goûts au centre commercial et c'est toujours
l'endroit idéal pour faire des affaires sur les vêtements,
les chaussures et les accessoires. Je commence
généralement mon shopping en passant par l'**entrée**
principale du centre commercial. De là, je me dirige
d'abord vers mes magasins préférés. Après avoir
fait le tour de ces magasins, je me promène pour
voir s'il y a des soldes dans d'autres endroits. Je
finis généralement par passer quelques heures dans
le centre commercial avant de faire mes achats.
J'aime toujours prendre mon temps lorsque je fais du
shopping**, car** je veux être sûre d'obtenir **exactement**
ce que je veux. En plus, c'est plus amusant comme ça !

Je trouve toujours **fascinant** d'observer les gens
quand je suis au centre commercial. On peut vraiment
en apprendre beaucoup sur une personne par sa
façon de faire ses courses. Certaines personnes sont
très méthodiques et prennent leur temps, tandis que
d'autres semblent prendre **tout ce qu'**elles peuvent
et se diriger vers la caisse aussi vite que possible. Il
y a aussi les acheteurs qui semblent plus intéressés

typem kupującego jesteś, każdy z nas lubi "window shopping" - nawet jeśli niczego nie kupuje. Po prostu jest coś takiego w patrzeniu na te wszystkie piękne rzeczy w **witrynach** sklepowych, co sprawia, że jestem szczęśliwa. Czasami marzę o tym, jak by to było, gdyby było mnie stać na **wszystko, co** widzę! Podsumowując, dzień spędzony na zakupach w centrum handlowym to jedna z moich ulubionych rozrywek. To świetny sposób na zrelaksowanie się i odprężenie, a przy okazji na odrobinę ruchu (jeśli się wystarczająco dużo chodzi). Poza tym, **zawsze** miło jest od czasu do czasu sprawić sobie nową koszulę lub parę butów!

Miałam **długi** dzień w pracy i wreszcie znalazłam trochę czasu dla siebie, więc postanowiłam wybrać się na zakupy do centrum handlowego. Potrzebowałam kilku nowych ubrań na **nadchodzący** sezon. Gdy tylko weszłam do środka, zobaczyłam wszystkie jasne światła i błyszczące witryny sklepów. Najpierw udałam się do mojego ulubionego sklepu i zaczęłam przeglądać półki. Znalazłam kilka ładnych bluzek i przymierzyłam je w przymierzalni. Gdy przyglądałam się sobie w lustrze, usłyszałam, że ktoś wchodzi do **przymierzalni** obok mojej. Rozpoznałam, że to jedna z moich koleżanek z pracy.

à parler au téléphone portable ou à envoyer des SMS qu'à regarder la marchandise ! Quel que soit le type d'acheteur, tout le monde semble apprécier le lèche-vitrine, même si vous n'achetez rien. Il y a quelque chose qui me rend heureuse dans le fait de regarder toutes ces jolies choses dans les **vitrines des magasins**. Parfois, je m'imagine comment ce serait si je pouvais m'offrir **tout ce que** je vois ! En fin de compte, passer une journée à faire du shopping au centre commercial est l'un de mes passe-temps favoris. C'est un excellent moyen de se détendre et de se relaxer tout en faisant un peu d'exercice (si vous marchez suffisamment). Et puis, c'est **toujours** agréable de s'offrir une nouvelle chemise ou une nouvelle paire de chaussures de temps en temps !

J'ai eu une **longue** journée de travail et j'ai enfin eu du temps pour moi, alors j'ai décidé d'aller faire du shopping au centre commercial. J'avais besoin de nouveaux vêtements pour la saison **à venir**. Dès que je suis entrée, j'ai vu toutes les lumières vives et les façades brillantes des magasins. Je me suis dirigée vers mon magasin préféré en premier et j'ai commencé à parcourir les rayons. J'ai trouvé quelques jolis hauts et les ai essayés dans la cabine d'essayage. Alors que je me regardais dans le miroir, j'ai entendu quelqu'un entrer dans la cabine d'**essayage** à côté de la mienne. J'ai reconnu sa voix comme étant celle d'un de mes collègues de travail.

Pytania dotyczące rozumienia tekstu

1. Gdzie najchętniej przechowujesz towary?

2. Jaki jest Twój ulubiony sklep w centrum handlowym?

3. Jak długo zazwyczaj przebywasz w centrum handlowym?

4. Co sądzisz o ludziach, którzy spędzają dużo czasu w centrum handlowym? 5. Jaka jest Twoja ulubiona rzecz do robienia w centrum handlowym?

6. Czy zdarzyło Ci się kupić coś w centrum handlowym, czego tak naprawdę nie potrzebowałeś?

7. Jak reagujesz, gdy widzisz w centrum handlowym coś, co bardzo by Ci się podobało, ale jest za drogie?

8. Czy kiedykolwiek widziałeś coś w centrum handlowym i zastanawiałeś się, kto mógłby to kupić?

9. Jakie jest Twoje zdanie na temat ludzi, którzy w centrum handlowym zamiast oglądać sklepy, zajmują się swoimi telefonami komórkowymi?

Questions de compréhension

1. Où aimez-vous le plus stocker ?

2. Quel est votre magasin préféré dans le centre commercial ?

3. Combien de temps restez-vous habituellement au centre commercial ?

4. Que pensez-vous des personnes qui passent beaucoup de temps au centre commercial ?

5. Quelle est votre activité préférée au centre commercial ?

6. Avez-vous déjà acheté quelque chose au centre commercial alors que vous n'en aviez pas vraiment besoin ?

7. Comment réagissez-vous lorsque vous voyez au centre commercial un article que vous aimeriez vraiment, mais qui est trop cher ?

8. Avez-vous déjà vu quelque chose au centre commercial en vous demandant qui l'achèterait ?

9. Que pensez-vous des personnes qui sont occupées avec leur téléphone portable dans les centres commerciaux au lieu de regarder les magasins ?

Na rynku

W sobotę budzę się wcześnie rano, chcąc zdążyć na **targ,** zanim zrobi się zbyt tłoczno. Zakładam kilka ubrań i wychodzę z domu, zabierając po drodze torby wielokrotnego użytku. Idąc, zaczynam planować, co chcę przygotować w nadchodzącym tygodniu. Wiem, że chcę przynajmniej raz upiec warzywa, więc będę musiała kupić dobrej jakości warzywa. Chcę też zrobić zupę lub gulasz, więc będę musiał kupić trochę mięsa. Będę musiał zobaczyć, co wygląda dobrze, gdy tam dotrę. Rynek znajduje się zaledwie kilka przecznic dalej, a ja już widzę rozstawione stragany i kłębiących się **ludzi**.

Przyjeżdżam na targ i od razu kieruję się do stoiska z warzywami. Wybór jest piękny, a ja wypełniam torby różnymi **świeżymi** produktami. Rozmawiam trochę z rolnikiem, który poleca mi kilka przepisów. Nie mogę się doczekać, aby je wypróbować. Podczas zakupów rozmawiam z **rolnikami, poznając** ich i ich produkty. Gdy mam już wszystkie potrzebne warzywa, przechodzę do działu mięsnego. Tutaj waham się trochę bardziej, ponieważ nie jestem pewna, co chcę kupić. Ostatecznie decyduję się na kurczaka, ponieważ jest uniwersalny i można go wykorzystać w wielu potrawach. Kupuję też kilka różnych kawałków mięsa, zwracając uwagę na to, by kupić wołowinę karmioną

Au marché

Je me réveille tôt le samedi matin, impatiente de me rendre au **marché** avant qu'il ne soit trop fréquenté. Je m'habille et je sors, en prenant mes sacs réutilisables en chemin. En marchant, je commence à planifier ce que je veux faire pour la semaine à venir. Je sais que je veux faire **rôtir des** légumes au moins une fois, donc je vais devoir acheter des légumes de bonne qualité. Je veux aussi faire une soupe ou un ragoût, et je vais donc devoir acheter de la viande. Je verrai bien ce qui me semble bon quand je serai sur place. Le marché n'est qu'à quelques rues d'ici, et je vois déjà les étals installés et les **gens qui** s'agitent.

J'arrive au marché et me dirige directement vers le stand des légumes. La sélection est magnifique, et je remplis mes sacs d'une variété de produits **frais**. Je discute un peu avec le fermier et il me recommande quelques recettes. J'ai hâte de les essayer. Je discute avec les **agriculteurs** pendant que je fais mes courses, pour apprendre à les connaître et à connaître leurs produits. Après avoir acheté tous les légumes dont j'ai besoin, je passe à la section des viandes. Je suis un peu plus hésitante, car je ne suis pas sûre de ce que je veux acheter. J'opte finalement pour du poulet, car il est polyvalent et peut être utilisé dans de nombreux plats. J'achète également quelques morceaux de

trawą i **kurczaka z** wolnego wybiegu. Rzeźnik był przyjaznym człowiekiem, zawsze wesołym mimo długich godzin pracy. Zapakował moje piersi z kurczaka i stek, a potem rozmawiał ze mną o swoich planach na weekend. Pożegnałem się z nim i ruszyłem w dalszą drogę. W dziale z nabiałem kupiłem też jajka i ser.

Na targu było **pełno** ludzi, którzy z niecierpliwością czekali na świeże produkty i mięso. W powietrzu unosił się zapach czosnku i cebuli, słychać było śmiech i rozmowy. Przedzierałem się przez tłum, wybierając inne artykuły potrzebne do zrobienia cotygodniowych zakupów. Wypełniłam **koszyk** owocami i warzywami, makaronem i chlebem, po czym skierowałam się do kasy. Kolejka była długa, ale szybko się posuwała. W końcu kupiłem ostatnie **produkty spożywcze** i nadszedł czas, aby wrócić do domu. Samochód został załadowany, a droga do domu była długa i uciążliwa. Ruch był duży, a upał uciążliwy. W końcu samochód wjechał na podjazd, a ulga była wyczuwalna. W domu panował chłód i cisza, był to raj po **zgiełku** targowiska. Wszystko zostało odłożone na miejsce, a w domu szybko zapanowała cisza i spokój. Miałam wszystko, czego potrzebowałam, aby przygotować **pyszne** posiłki dla siebie i dla rodziny. Dobrze było być w domu.

viande différents, en veillant à prendre du bœuf nourri à l'herbe et du **poulet** élevé en plein air. Le boucher est un homme sympathique, toujours de bonne humeur malgré ses longues heures de travail. Il a emballé mes blancs de poulet et mon steak avant de me parler de ses projets pour le week-end. Je lui ai dit au revoir et j'ai continué mon chemin. J'ai également acheté des œufs et du fromage au rayon produits laitiers.

Le marché grouille de gens, tous impatients de mettre la **main sur les** produits frais et la viande proposés. L'odeur de l'ail et des oignons flottait dans l'air, et le son des rires et des conversations était omniprésent. Je me suis frayé un chemin dans la foule, en choisissant les autres articles dont j'avais besoin pour mes courses de la semaine. J'ai rempli mon **panier** de fruits et légumes, de pâtes et de pain, avant de me diriger vers la caisse. La file d'attente est longue, mais elle avance rapidement. Enfin, j'ai acheté les dernières **provisions et il est** temps de rentrer à la maison. La voiture est chargée, et le chemin du retour est long et fastidieux. La circulation est dense et la chaleur est accablante. Enfin, la voiture se gare dans l'allée et le soulagement est palpable. La maison était fraîche et calme, et c'était un havre de paix après l'**agitation** du marché. Tout a été rangé, et la maison a rapidement retrouvé sa tranquillité habituelle. J'avais tout ce dont j'avais besoin pour préparer de **délicieux** repas pour moi et pour ma famille. C'était bon d'être chez soi.

Pytania dotyczące rozumienia tekstu

1. Dokąd zmierza osoba?

2. Co dana osoba chce kupić?

3. Ile toreb ma ta osoba?

4. Jak daleko znajduje się rynek?

5. Co ta osoba robi w tej chwili?

6. Co to jest wszystko na rynku?

7. Ile osób znajduje się na rynku?

8. Ile czasu zajęło tej osobie kupienie wszystkiego?

9. W jaki sposób dana osoba wróciła do domu?

10. Co robiła osoba, która wróciła do domu?

Questions de compréhension

1. Où va la personne ?

2. Que veut acheter la personne ?

3. Combien de sacs la personne possède-t-elle ?

4. A quelle distance se trouve le marché ?

5. Que fait la personne en ce moment ?

6. Que se passe-t-il sur le marché ?

7. Combien y a-t-il de personnes sur le marché ?

8. Combien de temps a-t-il fallu à la personne pour tout acheter ?

9. Comment la personne est-elle rentrée chez elle ?

10. Qu'a fait la personne en rentrant chez elle ?

W kawiarni

Był chłodny **jesienny** poranek, a ja umówiłam się z moją przyjaciółką Lily w naszej ulubionej kawiarni na kawę. Owinęłam się ciepło płaszczem i szalikiem i ruszyłam w drogę. Liście spadały z drzew, a w powietrzu czuć było lekki powiew wiatru, ale świeciło słońce i zapowiadał się piękny dzień. Idąc, **myślałam** o tym, jak dobrze jest mieć taką przyjaciółkę jak Lily. Przyjaźniłyśmy się od lat, odkąd poznałyśmy się na **studiach**. Połączyło nas zamiłowanie do kawy i spędzania czasu na pogawędkach w kawiarniach. Mimo że mieszkałyśmy teraz w różnych częściach miasta, nadal udawało nam się spotykać na kawie raz w tygodniu. Przyjechałem do kawiarni, a Lily już tam na mnie czekała. Uściskałyśmy się na powitanie, a potem zamówiłyśmy kawę. Znalazłyśmy stolik przy oknie i usiadłyśmy, żeby porozmawiać. **Kawa** była pyszna, jak zawsze, i miło było spotkać się z Lily. Rozmawiałyśmy o naszym tygodniu, pracy i planach na przyszłość. Rozmowa z Lily zawsze była tak łatwa i czułam, że mogę jej powiedzieć wszystko. Po jakimś czasie zaczęłyśmy odczuwać głód i **postanowiłyśmy** zamówić coś do jedzenia.

Zamówiliśmy jedzenie i zajęliśmy miejsca przy oknie. Przez okno wpadało słońce, które sprawiało, że

Dans un café

C'était un matin d'**automne** frisquet, et j'avais donné rendez-vous à mon amie Lily dans notre café préféré pour prendre un café. Je me suis enveloppée chaudement dans mon manteau et mon écharpe et je suis partie. Les feuilles tombaient des arbres et l'air était glacial, mais le soleil brillait et la journée promettait d'être magnifique. Tout en marchant, j'ai **pensé** à quel point c'était bien d'avoir une amie comme Lily. Nous étions amies depuis des années, depuis notre rencontre à l'**université**. Nous nous sommes liées par notre amour du café et du temps passé à discuter dans les cafés. Même si nous vivions dans des quartiers différents de la ville, nous nous retrouvions pour prendre un café une fois par semaine. Je suis arrivé au café, et Lily était déjà là, à m'attendre. Nous nous sommes embrassées et avons commandé nos cafés. Nous avons trouvé une table près de la fenêtre et nous nous sommes installées pour discuter. Le **café** était délicieux, comme toujours, et c'était si agréable de rattraper le temps perdu avec Lily. Nous avons parlé de notre semaine, de nos emplois et de nos projets pour l'avenir. C'était toujours si facile de parler à Lily, et j'avais l'impression que je pouvais tout lui dire. Après un moment, nous avons commencé à avoir faim et **avons décidé** de commander de la nourriture.

wszystko było ciepłe i radosne. Rozmawialiśmy przy jedzeniu, ciesząc się prostą przyjemnością przebywania w swoim **towarzystwie**. W kawiarni było dużo ludzi, ale nie odczuwało się tłoku. W powietrzu unosiła się atmosfera spokoju i zadowolenia. Kiedy skończyliśmy jeść, siedzieliśmy jeszcze przez chwilę, ciesząc się spokojną **atmosferą**. Przez chwilę rozmawialiśmy o różnych sprawach, które wydarzyły się w naszym życiu. Miło było spotkać się z moją przyjaciółką i po prostu **odpocząć**. Słońce świeciło przez okno i wydawało się, że **nic nie jest w** stanie zepsuć naszego idealnego dnia.

Nagle usłyszałem głośny trzask. Odwróciłem się i zobaczyłem, że jakiś mężczyzna wypadł przez sufit i leżał przed nami na podłodze. Był **pokryty** pyłem i gruzem i wydawał się być nieprzytomny. Ja i moja przyjaciółka byłyśmy w szoku, wpatrując się w leżącego na podłodze mężczyznę. Nie wiedziałyśmy, co robić ani kogo wezwać na pomoc. Po prostu siedziałyśmy i patrzyłyśmy na niego, nie wiedząc, co robić. Po kilku minutach otrząsnęłam się z tego i zadzwoniłam pod numer 911. Operator powiedział mi, że ktoś wkrótce przyjedzie. Odłożyłem słuchawkę i powiedziałem mojemu przyjacielowi, co powiedział **operator.**

Nous avons **commandé notre** nourriture et trouvé un siège près de la fenêtre. Le soleil brillait à travers la fenêtre, rendant le tout chaleureux et joyeux. Nous avons bavardé en mangeant, appréciant le simple plaisir d'être en **compagnie de l'autre**. Le café était occupé, mais il n'y avait pas de foule. Il y avait un sentiment de paix et de satisfaction dans l'air. Après avoir terminé notre repas, nous sommes restés assis un moment de plus, profitant de l'**atmosphère** paisible. Nous avons parlé pendant un moment de différentes choses qui avaient eu lieu dans nos vies. C'était si agréable de rattraper le temps perdu avec mon ami et de **se détendre**. Le soleil brillait à travers la fenêtre, et c'était comme si **rien ne** pouvait gâcher notre journée parfaite.

Soudain, j'ai entendu un grand fracas. Je me suis retourné pour voir qu'un homme avait traversé le plafond et gisait sur le sol devant nous. Il était **couvert** de poussière et de débris et semblait être inconscient. Mon ami et moi étions tous deux sous le choc en regardant l'homme allongé sur le sol. Nous ne savions pas quoi faire ni qui appeler à l'aide. Nous sommes restés assis là, à le regarder, sans savoir quoi faire. Après quelques minutes, je me suis ressaisie et j'ai appelé le 911. L'opérateur m'a dit que quelqu'un arriverait bientôt. J'ai raccroché le téléphone et j'ai raconté à mon ami ce que l'**opérateur avait** dit.

Pytania dotyczące rozumienia tekstu

1. Skąd pochodzi człowiek, który wpada przez dach?

2. Dlaczego kobieta jest ze swoją przyjaciółką w kawiarni?

3. Jaka jest ulubiona kawiarnia tych dwóch przyjaciół?

4. Jak długo przyjaciele znają się nawzajem?

5. Jaki jest ulubiony napój tych dwóch przyjaciół?

6. W jakim mieście mieszkają ci dwaj przyjaciele?

7. Jak często spotykają się ci dwaj przyjaciele?

8. O czym rozmawiają dwie przyjaciółki, gdy po raz pierwszy spotykają się w swojej ulubionej kawiarni?

9. Jakie jest ulubione jedzenie tych dwóch przyjaciół?

10. Dlaczego tak łatwo jest rozmawiać z Lily?

Questions de compréhension

1. D'où vient l'homme qui tombe à travers le toit ?

2. Pourquoi la femme est-elle avec son ami dans le café ?

3. Quel est le café préféré des deux amis ?

4. Depuis combien de temps les deux amis se connaissent-ils ?

5. Quelle est la boisson préférée des deux amis ?

6. Dans quelle ville vivent les deux amis ?

7. Combien de fois les deux amis se rencontrent-ils ?

8. De quoi parlent les deux amis lorsqu'ils se rencontrent pour la première fois dans leur café préféré ?

9. Quel est le plat préféré des deux amis ?

10. Pourquoi c'est si facile de parler à Lily ?

Idę popływać

Basen zawsze był **orzeźwiającym** miejscem, a dzisiaj było nie inaczej. Słońce świeciło, a woda wyglądała zachęcająco. Wziąłem głęboki oddech i zanurzyłem się w wodzie, czując jej chłodny uścisk. Przez jakiś czas pływałem, ciesząc się z wysiłku i możliwości oczyszczenia głowy. Po jakimś czasie wyszedłem z wody, osuszyłem się i usiadłem na ręczniku, aby odpocząć w słońcu. Zamknąłem oczy i pozwoliłem, by ogarnęło mnie **ciepło,** czując, jak moje mięśnie zaczynają się rozluźniać. Nagle usłyszałem plusk i otworzyłem oczy, aby zobaczyć moją młodszą siostrę, która **wiosłowała** w płytkiej części wody. Uśmiechnąłem się i przyglądałem jej się przez chwilę, po czym wstałem i podszedłem do niej. Chwilę rozmawialiśmy i razem pływaliśmy, ciesząc się swoim towarzystwem. Wkrótce dołączyli do nas rodzice i resztę popołudnia spędziliśmy na pływaniu i wspólnych grach. Zawsze miło było spędzać czas z rodziną na basenie. Jest **coś takiego** w przebywaniu w wodzie, co wydaje się zbliżać ludzi do siebie. Może to dlatego, że kiedy jesteśmy w wodzie, wszyscy jesteśmy równi - nie możemy ukrywać swoich wad ani udawać, że jesteśmy kimś, kim nie jesteśmy. A może po prostu dlatego, że to świetna zabawa! **Niezależnie od** przyczyny, cieszyłem się, że mogliśmy się spotkać i cieszyć się swoim towarzystwem w tak

Aller nager

La piscine était toujours un endroit **rafraîchissant**, et aujourd'hui n'était pas différent. Le soleil brillait et l'eau semblait invitante. J'ai pris une profonde inspiration et j'ai plongé, sentant l'étreinte fraîche de l'eau. J'ai fait des longueurs pendant un moment, appréciant l'exercice et la possibilité de me vider la tête. Au bout d'un moment, je suis sorti et me suis séché, puis je me suis assis sur une serviette pour me détendre au soleil. J'ai fermé les yeux et laissé la **chaleur** m'envahir, sentant mes muscles se détendre. Soudain, j'ai entendu une éclaboussure et j'ai ouvert les yeux pour voir ma petite sœur **pagayer dans la** partie peu profonde. J'ai souri et je l'ai regardée pendant un moment, puis je me suis levée et je suis allée vers elle. Nous avons bavardé un peu et pataugé ensemble, appréciant la compagnie de l'autre. Nos parents nous ont bientôt rejoints et nous avons passé le reste de l'après-midi à nager et à jouer ensemble. C'était toujours très agréable de passer du temps avec la famille à la piscine. Il y a **quelque chose** dans le fait d'être dans l'eau qui semble rassembler les gens. Peut-être est-ce parce que nous sommes tous égaux lorsque nous sommes dans l'eau - nous ne pouvons pas cacher nos défauts ou prétendre être ce que nous ne sommes pas. Ou peut-être est-ce simplement parce que c'est amusant ! **Quelle que soit la** raison, j'étais simplement heureuse que nous

szczególnym miejscu.

Słońce biło w moją skórę, a w powietrzu unosił się zapach chloru. Słyszałem odgłosy śmiechu dzieci, które pluskały się w basenie. Leżałem na **leżaku** obok basenu, wygrzewając się na słońcu i **ciesząc się** dniem. Miałam zamknięte oczy i już miałam zasnąć, gdy usłyszałam, że ktoś do mnie podchodzi. Otworzyłem oczy i zobaczyłem stojącą obok mnie kobietę. Była ubrana w bikini i miała ręcznik owinięty wokół talii. Miała długie blond włosy i niebieskie oczy. W ręku trzymała buteleczkę z **filtrem przeciwsłonecznym.** "Nie masz nic przeciwko temu, żebym posmarowała Ci plecy kremem z filtrem? "Nie, w porządku" - odpowiedziałem, siadając tak, by mogła dosięgnąć moich pleców. Czułem jej dłonie na skórze, gdy nakładała mi krem z filtrem.

Jej dotyk był delikatny, a zapach kremu przeciwsłonecznego kojący. Ponownie zamknąłem oczy i pozwoliłem sobie na relaks. Słyszałem **odgłosy** jej ruchu, ale nie otworzyłem oczu. Byłem zadowolony, leżąc na słońcu i słuchając szumu fal **rozbijających się** o brzeg. Po kilku minutach odeszła, a ja otworzyłem oczy. Patrzyłem na nią, jak wraca do swojego fotela i bierze książkę.

puissions tous nous réunir et profiter de la compagnie des autres dans un endroit aussi spécial.

Le soleil tapait sur ma peau et l'odeur du chlore flottait dans l'air. J'entendais le bruit des enfants qui riaient et barbotaient dans la piscine. J'étais allongée sur une chaise **longue près de la** piscine, profitant du soleil et **de la** journée. J'avais les yeux fermés et j'étais sur le point de m'endormir lorsque j'ai entendu quelqu'un s'approcher de moi. J'ai ouvert les yeux et j'ai vu une femme debout à côté de moi. Elle portait un bikini et avait une serviette enroulée autour de sa taille. Elle avait de longs cheveux blonds et des yeux bleus. Elle tenait une bouteille de **crème solaire** dans sa main. "Ça te dérange si je mets de la crème solaire sur ton dos ?" a-t-elle demandé. "Non, ça va", ai-je répondu, en me redressant pour qu'elle puisse atteindre mon dos. J'ai senti ses mains sur ma peau alors qu'elle appliquait la crème solaire.

Son toucher était doux et l'odeur de la crème solaire était apaisante. J'ai fermé les yeux à nouveau et me suis laissé aller à la détente. Je pouvais entendre le **bruit** de ses mouvements, mais je n'ai pas ouvert les yeux. Je me contentais de rester allongé au soleil, en écoutant le bruit des vagues qui **s'écrasaient** sur le rivage. Après quelques minutes, elle s'est éloignée, et j'ai ouvert les yeux. Je l'ai regardée retourner vers sa chaise longue et prendre son livre.

Pytania dotyczące rozumienia tekstu

1. Gdzie był narrator, gdy rozpoczynał opowiadanie?

2. Co czuje narrator, gdy otwiera oczy?

3. Co słyszy narrator, gdy otwiera oczy?

4. Czyj krem do opalania daje narratorowi kobieta?

5. O czym śni narrator?

6. Dlaczego pływanie w morzu jest dla narratora tak wyjątkowe?

7.Jakie wrażenie robi woda, w której pływa narrator?

8. Co widzi narrator po wyjściu z wody?

9. Co robi kobieta po nałożeniu na narratora kremu z filtrem przeciwsłonecznym?

10. O czym rozmawiają narrator i kobieta na końcu opowiadania?

Questions de compréhension

1. Où se trouvait le narrateur lorsqu'il a commencé l'histoire ?

2. Que sent le narrateur lorsqu'il ouvre les yeux ?

3. Qu'entend le narrateur lorsqu'il ouvre les yeux ?

4. A qui la femme donne-t-elle de la crème solaire au narrateur ?

5. De quoi le narrateur rêve-t-il ?

6. Pourquoi la baignade dans la mer est-elle si spéciale pour le narrateur ?

7. quelle est la sensation de l'eau dans laquelle nage le narrateur ?

8. Que voit le narrateur quand il sort de l'eau ?

9. Que fait la femme après avoir mis la crème solaire sur le narrateur ?

10. De quoi le narrateur et la femme parlent-ils à la fin de l'histoire ?

Koszenie trawnika

Jest 10 rano w letnią **sobotę**, a słońce już niemiłosiernie bije. Wychodzisz do garażu po kosiarkę, czując się tak, jakbyś został **skazany** na ciężką pracę. Zaczynasz kosić trawnik, starając się robić to powoli, aby nie przeoczyć żadnego miejsca. W trakcie koszenia myślisz o tym, jakie to przyjemne uczucie być na świeżym powietrzu. Gdy zaczynasz pchać kosiarkę tam i z powrotem po trawniku, kątem **oka dostrzegasz** sąsiada. Machasz do niego i witasz się, a on odwzajemnia uśmiech.

Po kilku minutach kończysz i idziesz do domu sąsiada, aby napić się z nim piwa w ogrodzie. Dzień jest **idealny** - nie jest zbyt gorąco, wieje delikatny wiatr. Siedzisz w cieniu drzewa, popijasz piwo i rozmawiasz z sąsiadem. Właśnie takie dni sprawiają, że doceniasz lato. Następnie **udajesz się do** domu na zasłużone piwo. Rozsiadasz się wygodnie na krześle na werandzie i otwierasz puszkę, wydając z siebie zadowolone westchnienie. Dźwięk kosiarki zanika w tle, a Ty odpoczywasz w cieniu, rozkoszując się **spokojem** chwili. Piwo smakuje wyjątkowo dobrze po tej ciężkiej pracy w upale. Już miałem wejść do domu, gdy usłyszałem hałas obok.

Brzmiało to tak, jakby ktoś płakał. Przestałem kosić i

Tonte de la pelouse

Il est 10 heures du matin, un **samedi d'**été, et le soleil tape déjà sans pitié. Vous vous frayez un chemin jusqu'au garage pour aller chercher la tondeuse à gazon, avec l'impression d'être **condamné** aux travaux forcés. Vous commencez à tondre la pelouse, en veillant à aller doucement pour ne pas manquer d'endroits. Pendant que vous tondez, vous pensez à tout le bien que cela fait d'être dehors à l'air frais. Alors que vous commencez à pousser la tondeuse d'avant en arrière sur la pelouse, vous apercevez votre voisin du coin de l'**œil**. Vous lui faites signe et lui dites bonjour, et il vous répond.

Après quelques minutes, vous avez terminé, et vous vous rendez chez votre voisin pour prendre une bière avec lui dans le jardin de devant. C'est une journée **parfaite**, il ne fait pas trop chaud et une légère brise souffle. Vous êtes assis à l'ombre de l'arbre, sirotant votre bière et discutant avec votre voisin. Ce sont des jours comme celui-ci qui vous font apprécier l'été. Puis vous rentrez à l'intérieur pour prendre une bière bien méritée. Vous vous installez sur une chaise sous le porche et ouvrez la canette, en poussant un soupir de satisfaction. Le bruit de la tondeuse s'estompe et vous vous détendez à l'ombre, profitant de la **tranquillité**

podszedłem do płotu, który oddzielał nasze podwórka. Zobaczyłem moją sąsiadkę, panią Johnson, płaczącą na huśtawce na werandzie. Zawołałem do niej, ale mnie nie usłyszała. Wspiąłem się na płot i podszedłem do niej. "Pani Johnson, wszystko w porządku?" zapytałem. Spojrzała na mnie ze łzami w oczach i potrząsnęła głową. "Nie, nic mi nie jest" - powiedziała. "Wczoraj zmarł mój kot". Byłem zszokowany. Nie wiedziałam, co powiedzieć. Stałem tak niezręcznie, nie wiedząc, co zrobić. W końcu położyłam rękę na jej **ramieniu** i powiedziałam: "Bardzo mi przykro, pani Johnson. Jeśli mogę jakoś pomóc, proszę dać mi znać". "Potrząsnęła głową i powiedziała: "Nie, nikt **nic nie** może zrobić". Po czym wstała i weszła do swojego domu. Stałem tam przez chwilę, nie wiedząc, co robić. Potem wróciłem do koszenia trawnika. Kiedy skończyłem, nie mogłem przestać myśleć o pani Johnson i jej kocie.

du moment. La bière a un goût extra bon après tout ce dur travail dans la chaleur. J'étais sur le point de rentrer quand j'ai entendu un bruit à côté.

On aurait dit que quelqu'un pleurait. J'ai arrêté de tondre et j'ai marché jusqu'à la clôture qui séparait nos jardins. J'ai jeté un coup d'œil par-dessus et j'ai vu ma voisine, Mme Johnson, pleurer sur sa balançoire sous le porche. Je l'ai appelée, mais elle ne m'a pas entendue. J'ai escaladé la clôture et j'ai marché jusqu'à elle. "Mme Johnson, vous allez bien ?" J'ai demandé. Elle a levé les yeux vers moi, les larmes aux yeux, et a secoué la tête. "Non, je ne vais pas bien", a-t-elle dit. "Mon chat est mort hier." J'étais choquée. Je n'ai pas su quoi dire. Je suis restée là, maladroitement, sans savoir quoi faire. Finalement, j'ai posé ma main sur son **épaule** et j'ai dit : "Je suis vraiment désolée, Mme Johnson. Si je peux faire quelque chose pour vous aider, faites-le moi savoir". "Elle a secoué la tête et a dit : "Non, il **n'y a rien que** personne ne puisse faire". Puis elle s'est levée et est entrée dans sa maison. Je suis resté là un moment, ne sachant pas quoi faire. Puis je suis retourné tondre ma pelouse. En terminant, je n'ai pu m'empêcher de penser à Mme Johnson et à son chat.

Pytania dotyczące rozumienia tekstu

1. Która jest godzina?

2. Gdzie znajduje się osoba kosząca?

3. Jak czuje się dana osoba?

4. Dlaczego osoba musi kosić trawę powoli?

5. Jaka jest pogoda?

6. Co robi osoba po zakończeniu koszenia?

7. Co słyszy osoba przed powrotem do domu?

8. Kto jest z panią Johnson?

9. Dlaczego pani Johnson płacze?

10. Co ta osoba mówi pani Johnson?

Questions de compréhension

1. Quelle heure est-il ?

2. Où se trouve la personne qui tond ?

3. Comment la personne se sent-elle ?

4. Pourquoi la personne doit-elle tondre lentement ?

5. Quel est le temps qu'il fait ?

6. Que fait la personne après avoir fauché ?

7. Qu'entend la personne avant de rentrer chez elle ?

8. Qui est avec Mme Johnson ?

9. Pourquoi Mme Johnson pleure-t-elle ?

10. Que dit la personne à Mme Johnson ?

Strzyżenie włosów

Od tygodni nosiłam się z zamiarem zrobienia sobie fryzury, ale jakoś zawsze udawało mi się to odłożyć na później. Jednak w obliczu zbliżających się **Świąt Bożego Narodzenia** wiedziałam, że nie mogę dłużej tego odkładać. Nie chciałam pojawić się na kolacji wigilijnej u mojej rodziny w niechlujnej fryzurze. Tak więc, wczesnym rankiem w Boże Narodzenie udałam się do salonu fryzjerskiego. Mimo wczesnej pory, w salonie było już pełno osób, które chciały **się uczesać na** święta. Zajęłam swoje miejsce w kolejce i czekałam na swoją kolej. W końcu nadeszła moja kolej na fotelu. Stylistka, sympatyczna kobieta o imieniu Jill, zapytała mnie, czego sobie życzę. "Zwykłe podcięcie, nic drastycznego" - odpowiedziałam. Jill zabrała się do pracy, przycinając moje włosy. W miarę jak pracowała, zaczęłam się odprężać. Czułam się dobrze, że wreszcie mogę o siebie zadbać. Ostatnio byłam tak zajęta, biegając i troszcząc się o wszystkich innych, że pozwoliłam, aby moje własne potrzeby zeszły na dalszy plan. Ale **już** nie. Od tej pory zamierzałam znaleźć czas dla siebie.

Kiedy Jill skończyła, spojrzałam w lustro i byłam zadowolona z tego, co zobaczyłam. Moje włosy były

Se faire couper les cheveux

Cela faisait des semaines que je voulais me faire couper les cheveux, mais j'arrivais toujours à remettre ça à plus tard. Mais à l'approche de **Noël, je** savais que je ne pouvais plus attendre. Je ne voulais pas me présenter au dîner de Noël de ma famille avec une coiffure débraillée. Alors, tôt le matin de Noël, je me suis rendue au salon. Même s'il était tôt, le salon était déjà occupé par d'autres personnes qui **se faisaient** coiffer pour les fêtes. J'ai pris ma place dans la file d'attente et j'ai attendu mon tour. Enfin, c'était mon tour sur la chaise. La styliste, une femme sympathique nommée Jill, m'a demandé ce que je voulais. "Juste une coupe, rien de trop radical", ai-je répondu. Jill s'est mise au travail, coupant mes cheveux. Pendant qu'elle travaillait, j'ai commencé à me détendre. C'était bon de prendre enfin soin de moi. J'avais été tellement occupé ces derniers temps, à courir partout pour m'occuper de tout le monde, que j'avais laissé mes propres besoins de côté. Mais plus **maintenant**. A partir de maintenant, j'allais prendre du temps pour moi.

Lorsque Jill a terminé, je me suis regardée dans le miroir et j'étais ravie de ce que je voyais. Mes cheveux étaient soignés et polis, parfaits pour les fêtes de fin d'année. J'ai **remercié** Jill et j'ai noté **mentalement** de

schludne i wypolerowane - idealne na wakacyjne spotkania. **Podziękowałam** Jill i zapisałam sobie w **pamięci,** żeby częściej do niej wracać. Od tej pory będę dbać przede wszystkim o siebie". Jill zabrała się do pracy, przycinając moje włosy. Pomyślałam o tym, jak bardzo jestem wdzięczna, że w końcu zdecydowałam się na strzyżenie. Dobrze było wiedzieć, że na **kolację** wigilijną będę wyglądać stosownie do okazji. Nie musiałam się już martwić, że rodzina będzie mi dokuczać z powodu mojego "niechlujnego" wyglądu. Po kilku minutach fryzjerka skończyła strzyc moje włosy i szybko je wysuszyła. Spojrzałam w lustro i byłam zadowolona z tego, co zobaczyłam - czysty wygląd, który idealnie nadawał się na świąteczny obiad. Teraz, gdy nie musiałam już strzyc włosów, mogłam skupić się na spędzaniu świąt z rodziną. I za to byłam jeszcze bardziej wdzięczna.

To było takie **wyzwalające** uczucie i bardzo podobała mi się moja nowa fryzura. Po zapłaceniu za fryzurę wróciłam do domu i zaczęłam się pakować na wyjazd. **Nie mogłam się** doczekać, kiedy pochwalę się moim nowym wyglądem rodzinie i przyjaciołom. Wiedziałam, że będą zaskoczeni, gdy mnie zobaczą. W dniu wylotu dotarłam na lotnisko z zapasem czasu. Bez problemu przeszedłem przez kontrolę bezpieczeństwa i wkrótce byłem w drodze. Gdy tylko dotarłem do celu, poczułem podniecenie w powietrzu. Boże Narodzenie było zdecydowanie w powietrzu!

revenir plus souvent. À partir de maintenant, je prendrai soin de moi d'abord et avant tout. Elle s'est mise au travail en coupant mes cheveux. J'ai pensé à combien j'étais reconnaissante d'avoir enfin pris le temps de me faire couper les cheveux. Je me sentais bien de savoir que j'allais être présentable pour le **repas de** Noël. Je n'aurais plus à m'inquiéter des taquineries de ma famille sur mon apparence "débraillée". Après quelques minutes, le coiffeur a fini de me couper les cheveux et m'a fait un rapide brushing. Je me suis regardé dans le miroir et j'étais heureux de ce que je voyais - un look propre qui serait parfait pour le dîner de Noël. Maintenant que ma coupe de cheveux était terminée, je pouvais me concentrer sur les vacances avec ma famille. Et j'en étais encore plus reconnaissante.

Je me suis sentie tellement **libérée** et j'ai adoré le look de ma nouvelle coupe de cheveux. Après avoir payé ma coupe, je suis rentrée chez moi et j'ai commencé à faire mes bagages pour mon voyage. J'**avais hâte** de montrer mon nouveau look à ma famille et à mes amis. Je savais qu'ils seraient surpris en me voyant. Le jour de mon vol, je suis arrivée à l'aéroport avec beaucoup de temps devant moi. J'ai passé le contrôle de sécurité sans problème et j'ai rapidement pris la route. Dès que je suis arrivé à destination, j'ai senti l'excitation dans l'air. Il y avait vraiment de l'air pour Noël !

Pytania dotyczące rozumienia tekstu

1. Co bohater musiał zrobić przed świętami?

2. Jak bohaterka czuła się, dbając o siebie?

3. Kto przyciął włosy bohatera?

4. Dlaczego rodzina bohaterki miała jej dokuczać?

5. Jak czuła się bohaterka po obcięciu włosów?

6. Co zrobiła bohaterka po obcięciu włosów?

7. Jaka była reakcja rodziny bohaterki na jej fryzurę?

8. Co bohater robił w Wigilię?

9. Co sprawiło, że doświadczenie bohatera było bardziej wyjątkowe?

10. Co by się stało, gdyby bohater nie dał sobie obciąć włosów?

Questions de compréhension

1. Que devait faire le protagoniste avant Noël ?

2. Que pense la protagoniste du fait de prendre soin d'elle ?

3. Qui a taillé les cheveux du protagoniste ?

4. Pourquoi la famille de la protagoniste allait-elle se moquer d'elle ?

5. Qu'a ressenti la protagoniste après s'être fait couper les cheveux ?

6. Qu'a fait la protagoniste après s'être fait couper les cheveux ?

7. Quelle a été la réaction de la famille de la protagoniste à sa coupe de cheveux ?

8. Qu'a fait le protagoniste la veille de Noël ?

9. Qu'est-ce qui a rendu l'expérience du protagoniste plus spéciale ?

10. Que se passerait-il si le protagoniste ne se faisait pas couper les cheveux ?

Park

Słońce zachodziło, a w parku było pusto. Usiadłam na ławce, czekając na moją **przyjaciółkę**. Zaplanowałyśmy spotkanie już godzinę temu, ale ona zawsze się spóźniała. Gdy już miałam się poddać i iść do domu, zobaczyłam, że biegnie w moją stronę.

"Tak mi przykro" - wykrztusiła, gdy znalazła się na ławce. "Mój pociąg się **opóźnił**".

"W porządku" - powiedziałam z **wyrozumiałością**. "Sam dopiero co przyjechałem".

Usiedliśmy i przez chwilę rozmawialiśmy, dowiadując się, jak wyglądało nasze życie od ostatniego spotkania. Rozmowa płynęła **gładko i wydawało się,** że od naszego ostatniego spotkania nie minęło ani trochę czasu. Gdy słońce zaszło, pożegnaliśmy się i poszliśmy w swoją stronę. Następnym razem spotkaliśmy się w innym parku. Znów się spóźniła, ale nie miałem nic przeciwko temu. Miło było mieć kogoś, z kim można porozmawiać, kto mnie **rozumie.** Rozmawialiśmy o naszych marzeniach i **aspiracjach**, o rzeczach, które chcielibyśmy zrobić w życiu. Ona opowiedziała mi o swoich planach podróżowania po świecie, a ja podzieliłem się swoim marzeniem, by zostać pisarzem. Gdy słońce zachodziło w kolejny dzień, pożegnałyśmy się raz jeszcze, obiecując sobie, że tym razem będziemy w kontakcie.

Le parc

Le soleil se couchait, et le parc était vide. Je me suis assise sur un banc, attendant mon **amie**. Nous avions prévu de nous retrouver ici il y a une heure, mais elle était toujours en retard. Au moment où j'allais abandonner et rentrer chez moi, je l'ai vue courir vers moi. "Je suis vraiment désolée", a-t-elle haleté en atteignant le banc. "Mon train a été **retardé**." "C'est bon", ai-je dit **avec indulgence**. "Je viens juste d'arriver." Nous nous sommes assis et avons bavardé pendant un certain temps, prenant des nouvelles de la vie de chacun depuis notre dernière rencontre. La conversation était fluide **et nous avions** l'impression que le temps n'avait pas passé depuis notre dernière rencontre. Au coucher du soleil, nous nous sommes dit au revoir et avons pris des chemins différents. La fois suivante, c'était dans un autre parc. Encore une fois, elle était en retard, mais ça ne m'a pas dérangé. C'était agréable d'avoir quelqu'un à qui parler et qui me **comprenait**. Nous avons parlé de nos rêves et de nos **aspirations**, des choses que nous voulions faire de nos vies. Elle m'a parlé de son projet de voyager dans le monde entier, et j'ai partagé mon rêve de devenir écrivain. Alors que le soleil se couchait sur un autre jour, nous nous sommes dit au revoir une fois de plus, en promettant de rester en contact cette fois-ci.

Mijały lata, a nasza **przyjaźń** pozostawała silna, mimo że mieszkaliśmy teraz w różnych częściach kraju. Utrzymywałyśmy kontakt poprzez listy i sporadyczne rozmowy telefoniczne, dzieląc się wzajemnie nowinkami z naszego życia. Kiedy ogłosiła, że wychodzi za mąż, nie byłem **zaskoczony** - zawsze była typem poszukiwacza **przygód**. Ale kiedy zapytała mnie, czy byłabym druhną na jej ślubie, który odbywał się pół świata od mojego miejsca zamieszkania... trzeba było mnie trochę przekonać! W końcu jednak nie mogłam pozwolić, by moja najlepsza przyjaciółka wyszła za mąż beze mnie u jej boku, więc mimo moich obaw (i po wielu błaganiach z jej strony!) **zgodziłam się wziąć** udział w tym, co okazało się **przygodą** życia.

W końcu nadszedł dzień **ślubu**. Byłam zdenerwowana, ale jednocześnie podekscytowana, że mogłam uczestniczyć w tak ważnym momencie w życiu mojej przyjaciółki. Ceremonia była piękna, a ona wyglądała na szczęśliwą, gdy składała przysięgę. **Później** świętowaliśmy z wielką imprezą - wyglądało na to, że wszyscy, których znała, przyszli świętować razem z nią! To był **magiczny** dzień, którego nigdy nie zapomnę, a nasza przyjaźń po tej przygodzie tylko się umocniła. Teraz, po latach, nadal utrzymujemy kontakt. Obie bardzo się **zmieniłyśmy** od czasu naszego pierwszego spotkania, ale nasza przyjaźń jest tak silna, jak nigdy dotąd.

Les années ont passé, et notre **amitié** est restée forte, même si nous vivions désormais dans des régions différentes du pays. Nous sommes restés en contact par des lettres et des appels téléphoniques occasionnels, partageant les nouvelles de nos vies respectives. Lorsqu'elle a annoncé qu'elle allait se marier, je n'ai pas été **surpris** - elle avait toujours été du genre **aventureux**. Mais lorsqu'elle m'a demandé si j'accepterais d'être sa demoiselle d'honneur à la cérémonie de son mariage qui se déroulait à l'autre bout du monde, loin de chez moi... il a fallu la convaincre ! En fin de compte, je ne pouvais pas laisser ma meilleure amie se marier sans moi à ses côtés, alors malgré mes craintes (et après qu'elle m'ait beaucoup suppliée !), j'ai **accepté de participer à** ce qui s'est avéré être l'**aventure** de ma vie.

Le jour du **mariage** est enfin arrivé. J'étais nerveux, mais excité de faire partie d'un moment si important dans la vie de mon amie. La cérémonie était magnifique, et elle avait l'air heureuse en prononçant ses vœux. **Ensuite,** nous avons fait une grande fête - on aurait dit que tous ses proches étaient venus célébrer avec elle ! C'était un jour **magique** que je n'oublierai jamais, et notre amitié n'a fait que se renforcer après cette aventure. Aujourd'hui, des années plus tard, nous restons toujours en contact. Nous avons toutes deux beaucoup **changé** depuis notre première rencontre, mais notre amitié est plus forte que jamais.

Pytania dotyczące rozumienia tekstu

1. Gdzie autorka i jej przyjaciółka spotkały się po raz pierwszy?

2. Dlaczego przyjaciel autora spóźnił się na spotkanie?

3. O czym rozmawiali przyjaciele, gdy spotkali się ponownie po latach?

4. Jak autorka czuła się, uczestnicząc w uroczystości ślubnej swojej przyjaciółki?

5. Opisz miejsce, w którym odbywa się ceremonia ślubna.

6. Jak z czasem zmieniła się przyjaźń między tymi dwiema kobietami?

7. Jakie jest marzenie autora?

8. Dokąd zamierza wyjechać przyjaciel autora?

9. Dlaczego autorka wahała się, czy wziąć udział w uroczystości ślubnej swojej przyjaciółki?

Questions de compréhension

1. Où l'auteur et son ami se sont-ils rencontrés pour la première fois ?

2. Pourquoi l'ami de l'auteur était-il en retard à leur réunion ?

3. De quoi les amis ont-ils parlé lorsqu'ils se sont retrouvés des années plus tard ?

4. Qu'a ressenti l'auteur en assistant à la cérémonie de mariage de son amie ?

5. Décrivez le cadre de la cérémonie de mariage.

6. Comment l'amitié entre les deux femmes a-t-elle évolué au fil du temps ?

7. Quel est le rêve de l'auteur ?

8. Où l'ami de l'auteur prévoit-il de voyager ?

9. Pourquoi l'auteur a-t-elle hésité à assister à la cérémonie de mariage de son amie ?